Laura Castellanos

2012

Laura Castellanos es periodista egresada de la Universidad Autónoma Metropolitana Xochimilco. Ha trabajado en los periódicos *La Jornada*, *El Universal* y *Reforma*. Es además autora de varias obras, entre las cuales cabe destacar *México armado 1943–1981* y *OVNIs: Historia y pasiones de los avistamientos en México*.

2012

2012

LAS PROFECÍAS DEL FIN DEL MUNDO

Laura Castellanos

VINTAGE ESPAÑOL
UNA DIVISIÓN DE RANDOM HOUSE, INC.
NUEVA YORK

PRIMERA EDICIÓN VINTAGE ESPAÑOL, NOVIEMBRE 2011

Copyright © 2011 por Laura Castellanos

Todos los derechos reservados. Publicado en coedición con
Random House Mondadori, S. A., Barcelona, en los Estados Unidos de
América por Vintage Español, una división de Random House, Inc.,
Nueva York, y en Canadá por Random House of Canada Limited, Toronto.
Originalmente publicado en México en un formato diferente por Random
House Mondadori, S. A. de C. V., México, D. F. Copyright © 2011
por Random House Mondadori, S. A. de C. V.

Vintage es una marca registrada y Vintage Español y su colofón son
marcas de Random House, Inc.

Información de catalogación de publicaciones disponible en la Biblioteca
del Congreso de los Estados Unidos.

Vintage ISBN: 978-0-307-74518-7

www.vintageespanol.com

Impreso en los Estados Unidos de América
10 9 8 7 6 5 4 3 2 1

Índice

Agradecimientos

Ángeles Saavedra, Adrián Segundo y su Biblioteca Forteana, Alejandro Lara, Alberto Ruz Buenfil, Bruno Bellomo y Ellian Gabriel Rubina, Cecilia Ortiz (Ayla), Cristina González, Edgar Krauss, Eduardo Reza, Elizabeth Landa, Federico Samaniego, Fernando Malkún, Fiona, Gerardo Guevara, Graciela Salazar, Guillermo Cárdenas, Guillermo Osorno, Irma Saavedra, Irma Saucedo, Isabel Salazar, Jesús Castellanos, José Argüelles, Julio Pimentel, Lilia Rubio, Maurice Cotterell, Mario Menéndez, National Museum of the American Indian, Nora Castellanos, Norma Hernández, Maga Peña, María del Carmen Sánchez, María Esther Hernández, María de Lourdes Casillas, Prometeo Lucero, al Periódico *Por Esto!* de Yucatán, Ramtsa, Refugio Ecuador 2012, a la Revista *Gatopardo*, Rosario Novoa, Teresa Juárez, Tomás Gallareta, Vicente Rojas, al equipo de Random House Mondadori, y a Sergio R. Blanco por la edición literaria del libro.

PRESENTACIÓN

Hace 5 000 años los mayas profetizaron: el fin del mundo ocurrirá el 21 de diciembre de 2012. Ese día, las tormentas solares sobrecalentarán el núcleo del planeta, súbitamente deslizarán la corteza terrestre e invertirán los polos. Como consecuencia, las erupciones volcánicas y los terremotos irrumpirán por doquier; multitudes de personas serán engullidas por fracturas gigantes del subsuelo; de la nada brotarán cadenas montañosas, tsunamis monumentales se tragarán costas, barrerán continentes. Desaparecerán tres cuartas partes de la faz de la Tierra.

La escena de terror es de la película *2012*, dirigida con éxito por Roland Emmerich en 2009. Con ella, Hollywood popularizó la versión más extendida de las llamadas "profecías mayas": en 2012 se cierra la Cuenta Larga del calendario maya, por lo que viviremos una hecatombe al revertirse los polos terráqueos. Hollywood respondió así al interés generado por la avalancha de información variopinta sobre la fecha, pues un enjambre de especulaciones va y viene en decenas de libros, documentales, series televisivas, redes sociales de internet, discusiones en círculos esotéricos, religiosos, científicos, charlas de sobremesa.

No es la primera vez que la humanidad vaticina el fin de los tiempos. Lo hizo en el pasado a través de dos visiones contrarias, presentes también en las profecías de cara al año 2012. Una tiene su raíz en culturas arcaicas, en las cuales la vida y el cosmos se rigen por el movimiento de un tiempo circular con acontecimientos que se repiten: es la ley del eterno retorno, que en esta ocasión impacta a Occidente de manera singular. La otra visión, de simiente hebraica, presente en las religiones judeocristianas, habla de un tiempo lineal con un fin inevitable y destructivo: el Apocalipsis. A lo largo de la historia, las religiones cristianas anunciaron sin éxito el día del Juicio Final. Ahora hay cristianos que ven señales de su llegada en 2012.

A partir de estas dos visiones, muchas voces presagian un evento extraordinario pero con desenlaces contrarios. Unos dicen que puede acontecer un cataclismo por tormentas solares, por la colisión de un cuerpo celeste contra la Tierra, por el cambio climático, por la erupción de un volcán gigante, o vaticinan la llegada de un Anticristo incitador de una guerra nuclear. Aquí las opiniones se dividen frente a la posibilidad de la extinción de la vida terrestre. En el extremo opuesto, otras voces auguran un despertar de la conciencia humana gracias a la alineación del planeta con el centro de la galaxia, o a los contactos extraterrestres o al regreso de personajes míticos. En esta vertiente hay dos pronósticos: habrá una nueva hermandad por mera influencia galáctica, o una nueva hermandad y catástrofes.

El año 2012 es un detonante de planes asombrosos y extravagantes realizados por personas afines en diversas latitudes, proyectos creados para prevenir una calamidad o recibir una sociedad utópica. Por citar sólo algunos, en España, por ejemplo, crece el grupo GSE 2012 (Grupo de Sobrevivencia de España 2012), formado por familias y amistades preocupadas por un cataclismo. Se afanan en construir una comunidad refugio en las zonas altas del país ibérico para sobrevivir a posibles efectos de tormentas solares, terremotos, tsunamis y ataques nucleares, no sin antes exigir a su gobierno que construya estructuras reforzadas para la ciudadanía común, pues considera que, de otro modo, sólo la gente poderosa se salvaría –como sucedió en la película *2012*–. En Venezuela, por citar otro caso, los arquitectos Bruno Bellomo y Ellian Rubina buscan financiamiento para su proyecto Oziré, un búnker acuático inspirado en el erizo. En Ecuador se planea hacer un refugio subterráneo para medio centenar de personas. Y en Rusia el científico Yevgueni Ubiyko construyó una bóveda para 40 personas con costo de 80 000 dólares.

En contraste, pequeños grupos del movimiento del Calendario de las 13 Lunas, fundado por el escritor esotérico José Argüelles, el primero en masificar la fecha del 21 de diciembre de 2012, meditan en casi un centenar de países para, según ellos, prepararse para recibir el rayo cósmico que ese día hará florecer una humanidad hermanada y pacífica. Mientras tanto, en Yucatán, cuna maya, decenas de italianos guiados por su líder espiritual erigen un pequeño complejo habitacional, aislado de los curiosos, autosustentable y con tecnología ecológica de punta, para establecer la comuna de la Nueva Era.

Pero, ¿qué dicen realmente las famosas "profecías mayas"? Para profundizar en ello, habrá que adentrarse en los capítulos de este libro: *2012. Las profecías del fin del mundo*, fruto de casi dos años de investigación a través no sólo de los muchos libros y artículos que existen sobre la cuestión, sino también de entrevistas con antropólogos, estudiosos mayas, y todo tipo de personajes convencidos de que algo excepcional sucederá en 2012. El libro expone la fuente del planteamiento prehispánico original, sus derivaciones subsecuentes, y las tesis más relevantes, afines y opuestas, generadas desde algunas de las grandes religiones, el misticismo, las diversas ramas de la astrología y la ciencia. Hay entre ellas puntos en común, pero también diferencias irreconciliables.

La obra, igualmente, repasa los deseos ancestrales de la humanidad por anticipar su futuro. Reúne el pensamiento de culturas milenarias creyentes del eterno retorno, así como presagios fallidos del día del Juicio Final. Acoge, además, vaticinios de una estela de futuristas clásicos como Michel de Nostradamus y Edgar Cayce, y otros de nuevo cuño, como el veinteañero argentino Matías de Stefano, que usa el ciberespacio para difundir su mensaje entre su generación.

Tampoco faltan, desde luego, las discusiones científicas sobre calentamiento global, por cierto nada halagüeñas, y divididas en relación a si el fenómeno es natural y cíclico, o responsabilidad humana. Como podemos ver, este libro es una foto instantánea de la actual complejidad humana. ¿Qué pasará en 2012? No lo sé. Quizá ese año no ocurra nada especial y celebremos otra Navidad más. Pero, ¿y si sucede alguno de los augurios citados en estas páginas? Pronto podremos constatarlo, pues, para bien o para mal, ya estamos en la cuenta regresiva a 2012: por lo antes visto, el año que todo puede suceder.

2012

I

Profetas, videntes y profecías

Célebres en la historia

El ritual de sacrificio para conocer el desenlace de un acontecimiento se realizaba en cualquier lugar de la antigua Mesopotamia. Imaginemos la escena: el sacerdote se acerca a la oveja. El animal intenta huir y se le sujeta mientras el sacerdote alza sus ojos al cielo y hace la pregunta a la divinidad. La oveja brama, respira agitada. Es tumbada de costado, se revuelca, pero el sacerdote logra desgarrarle las entrañas con un cuchillo. El animal se sacude entre chillidos y borbotones de sangre. La creencia es que la divinidad absorberá el espíritu de la víctima y responderá a través de sus vísceras. El sacerdote extrae el hígado caliente. Lo observa. Otro sacerdote le muestra un libro con ilustraciones de distintas formas de hígado de oveja y su significado: benéfico o negativo. Comparan. Miran de nuevo el hígado. Ahí está la respuesta.

La humanidad del pasado tuvo un interés especial por conocer su destino. Y así como hoy, también enfrentó vaticinios sorprendentes y temibles. Algunos surgieron de la charlatanería; otros, del esfuerzo honesto de mujeres y hombres que buscaron "ver". En épocas ancestrales, distintas culturas pretendieron a su manera vislumbrar el porvenir: en Grecia se recurrió a oráculos; en Roma los sacerdotes hacían una lectura del vuelo de las aves y los truenos; en Egipto se interpretaban los sueños; en China y Mesoamérica se consultaron adivinos y astrólogos, y el pueblo hebreo se dejó guiar por sus profetas. De este modo, con mayor o menor tino, se anunció el retorno de seres sagrados, tierras prometidas, caídas de imperios, conclusiones de guerras, desastres naturales, muertes de personajes, advenimientos de eras doradas, e incluso, el fin del mundo.

Ese remoto interés por el futuro trasciende a nuestros días. En la actualidad, los diversos pronosticadores de las profecías mayas también tienen sus propios métodos de consulta: escudriñan el sistema calendárico, los relieves o códices mayas; recurren a la astrología esotérica, cruzan información sobre calentamiento global, o, según ellos, reciben información telepática de fuerzas superiores. Así emergió un abanico de presagios que anuncia dos escenarios opuestos: uno es de regeneración; el otro, de destrucción apocalíptica. Para comprender la razón de esos dos planteamientos contrarios, es importante saber que tienen un origen milenario.

La historiadora Ursula Fortiz, en su libro *Profetas y profecías, historia y tradición*, narra cómo la humanidad buscó anticiparse a los acontecimientos: las sociedades primeras enfrentaron problemas de supervivencia y temieron a los elementos naturales. Así nació el culto a divinidades naturales, a las que se ofrecían sacrificios para tener buena suerte en la fertilidad agrícola y femenina. El hombre se hizo religioso con el tiempo, creía que su vida y la de su pueblo estaban en poder de los dioses. Por esa razón, en algún momento, pretendió establecer un diálogo con la voluntad divina. Entonces hizo preguntas de forma codificada y así le fueron respondidas. Para la historiadora, ése es el origen de los oráculos y las profecías. *Profecía*, que viene del griego *propheteia*, significa predecir.

En las religiones arcaicas los oráculos eran un enunciado que se recibía de forma hablada, escrita o a través de un signo. También, por extensión, se le denominó así al santuario donde se hacían las consultas. Grecia fue sede del santuario donde se estableció, al norte de Atenas, el oráculo más famoso en la Antigüedad: Delfos. Peregrinos de distintas partes viajaban a consultar una médium llamada Pitia, la "pitonisa". Ella comunicaba mensajes en estado de trance auxiliada por los gases azufrados que emanaban de las rocas del lugar. La respuesta no siempre era sencilla, pero un sacerdote la interpretaba y la escribía en una tablilla.

Un dato quizá poco conocido en Occidente es que la "tierra de los oráculos por antonomasia" no fue Grecia, ni Mesopotamia, ni Egipto, ni China, sino Perú. Según el historiador Marcos Curatola, coautor del libro *Adivinación y oráculos en el mundo andino antiguo*, rigurosa investigación de campo, el Imperio inca erigió decenas de ellos, algunos de tamaño monumental. El de Maucallacta, en Arequipa, por ejemplo, es un complejo de 300 estructuras. El oráculo comprende una plataforma de 150 metros de longitud, 50 metros de anchura y siete metros de alto. Hubo grandes peregrinaciones para consultar a las deidades cuyos mensajes interpretaban los sacerdotes. Los oráculos tenían como fin legitimar el poder y servir como punto de reunión para obtener información y hacer negociaciones políticas.[1]

En Mesoamérica también existieron oráculos, aunque no en la dimensión inca. Uno de los más importantes de los que se tiene constancia es de origen mexica, y se encuentra en una cámara subterránea de la pirámide del Sol de Teotihuacán. Se cree

que esa cueva sagrada pudo ser lugar de investidura de sobera-
nos, punto de peregrinaje y de rituales religiosos.[2] Los adivinos
de Mesoamérica tuvieron un lugar distinguido. Incluso algunos fueron gobernantes, como Nezahualpilli y Motecuhzoma
Xocoyotzin, detalla el historiador Alfredo López Austin en su
texto "La magia y la adivinación en la tradición de Mesoamérica", publicado en la revista *Arqueología Mexicana*.

Los sacerdotes y pueblos mesoamericanos recurrían a una
diversidad de recursos, algunos muy ingeniosos, para hacer consultas cotidianas, religiosas o políticas. López Austin explica
que los adivinos mesoamericanos consultaban láminas de códices adivinatorios, libros de sueños, lanzaban granos de maíz al
suelo, usaban un cordel con nudos, e incluso podían interpre-
tar el reflejo del rostro de un niño en una vasija de agua para
constatar la salud del alma infantil. Las consultas tenían diversas razones: encontrar personas ausentes o animales perdidos,
diagnosticar y tratar enfermedades, anticiparse al clima, etc.
Los gobernantes interrogaban sobre el desenlace de guerras,
calamidades futuras, proyectos relevantes. Para consultas de
carácter religioso, los videntes entraban en trance al someter
al cuerpo a situaciones extremas a través de ejercicios peniten-
ciales o hemorragias. También consumían brebajes psicotrópicos, de plantas como *poyomatli* u *ololiuhqui*, para que así les fuera
revelado lo oculto o venidero.

El eterno retorno

Casi todas las culturas milenarias: griegos, chinos, egipcios,
pueblos precolombinos, miraron al cielo para avizorar su des-

tino. Primero, algunos asentamientos de cazadores, pastores o pescadores recurrieron a los astros como guías de travesías o de sus ciclos agrícolas. En Mesopotamia, China y América se asoció el movimiento celeste con las fases agrícolas: había un tiempo para sembrar, otro para cosechar. El fenómeno acontecía una y otra vez. Estos pueblos observaron las fases de la luna, el movimiento del sol, en algunos casos de Venus, Marte, Júpiter; les rindieron culto, y a partir de sus rotaciones en la bóveda celeste, particularmente de la luna y el sol, elaboraron distintos sistemas calendáricos, algunos con carácter adivinatorio. De esta forma nació la idea de que la vida humana está regida por ciclos naturales repetitivos correlacionados con los astros, lo que originó el mito del "eterno retorno", que es un fundamento primordial de la astrología. También es la fuente de una de las dos vertientes contrapuestas de las profecías mayas.

Mesoamérica, dice López Austin en su libro *Dioses del norte, dioses del sur*, tuvo una obsesión por observar el cielo, y a partir de esta experiencia sus habitantes desarrollaron un sistema calendárico complejo que incluía su propia versión astrológica. Sus métodos de observación fueron más sencillos que los del Viejo Mundo: la mirada se hizo a "ojo desnudo". No obstante, Mesoamérica desarrolló una arquitectura sorprendente con orientación astral y se construyeron pirámides y templos para coincidir en el horizonte con la salida o el ocaso de astros.

La astrología mesoamericana partía del principio de que cada día era dominado por una deidad con una cualidad distinta, por lo que el día del nacimiento de una persona determinaba su personalidad y signo, y cada actividad tenía su momento preciso. Para López Austin, en sentido estricto, Mesoamérica no desarrolló una astrología parecida a la del Viejo Mundo, pero la interpretación de los astros se completaba con la de calendarios adivinatorios llamados *tonapouhque* o "cuentadías" para conocer la suerte del consultante, de un suceso o actividad. Como se sabe, los mayas desarrollaron un conocimiento astronómico y matemático excepcional. Sus sacerdotes elaboraron almanaques con eclipses y conjunciones astronómicas, así como un sistema calendárico en el que registraron fechas de ciertos sucesos beneficiosos o trágicos con la posición correspondiente de luminarias en el firmamento. Consideraban que si sabían cuándo se repetían determinados aspectos astronómicos, podrían anticipar acontecimientos relevantes.

La astrología fue el arte adivinatorio más extendido en el Viejo Mundo: durante siglos, los astrónomos, gobernantes, filósofos y sacerdotes la consultaron asiduamente. El punto de partida de la astrología occidental se encuentra en la antigua Grecia, que tuvo un desarrollo matemático y geométrico tan elevado que permitió a los griegos elaborar mapas celestes para lugares y momentos específicos. El principio fundamental de la astrología, y también de la alquimia, está en el primer enunciado de la llamada Tabla Esmeraldina, un texto breve y críptico atribuido a Hermes Trismegisto, legendario alquimista griego: "Verdadero, sin falsedad, cierto y muy verdadero: lo que está abajo es como lo que está arriba, y lo que está arriba es como lo que está abajo, para realizar el milagro de la Cosa Única". En otras palabras, el enunciado afirma que el destino humano y la vida terrestre están inevitablemente unidos al comportamiento cíclico de los astros.

Pero los cuerpos celestes no sólo influyeron en las artes adivinatorias. Las fases de la luna nutrieron el pensamiento cíclico de muerte y regeneración en la mente humana. El historiador de las religiones Mircea Eliade, en su libro *El mito del eterno retorno*, obra clásica sobre el tema escrita en los años cincuenta, señala que el periodo repetitivo lunar de las fases de la luna (creciente, llena, menguante, desaparición, otra vez creciente) alimentó la idea del eterno retorno. Dice que de esta manera la humanidad concibió que su aparición, desarrollo y desaparición como grupo era similar al proceso de las fases de la luna. Por lo que si la humanidad era víctima de una catástrofe, siempre habría sobrevivientes que poblarían la faz de la Tierra de nuevo. Eliade considera que de esta manera el pensamiento cíclico de desaparición y reaparición de la humanidad estuvo presente en todas las culturas históricas, aún separadas geográficamente, y generó una diversidad de mitos de catástrofes no sólo en los pueblos romanos orientales, sino en hindúes, iraníes, mayas y aztecas, entre otros.

Aquí es importante detenernos y tomar en cuenta otra revelación en sentido contrario: la primera edición del libro de Eliade se publicó en 1951. Un año antes el psicoanalista Immanuel Velikovsky publicó el libro *Mundos en colisión* que recoge un pensamiento en dirección opuesta. El autor ruso sostiene que en el pasado la humanidad sí sufrió cataclismos genuinos por la interacción de cuerpos celestes contra la órbita terrestre. Según él, los sobrevivientes dejaron su testimonio en escrituras de culturas prehispánicas, orientales y árabes, entre ellas la Biblia. Pero la humanidad olvidó las tragedias, pues padece una "amnesia colectiva" que la deja vulnerable ante desastres futuros.

Siguiendo con la narración de Eliade, él dice que uno de los ejemplos más extendidos de mitos catastróficos en el Viejo Mundo es el de la doctrina caldea del "Año Magno", postulada en el siglo III a.C. En ésta, si bien el universo se consideraba como eterno, sufría destrucciones periódicas cuando siete planetas se alineaban en un signo determinado. Si lo hacían en Cáncer, provocarían diluvios, y en Capricornio, desastres por fuego. Por tal razón, cuando acontecimientos negativos asolaban Roma, se pensaba que el "Año Magno" estaba por concluir y el imperio se derrumbaría. Platón coincidía con la tesis de alineaciones planetarias destructoras. Creía que el movimiento de rotación de los astros se frenaba al unísono cada determinado periodo para girar en sentido contrario, lo cual provocaba grandes cataclismos en la superficie terrestre. Es conocido que Platón mencionó en dos de sus escritos filosóficos llamados *Diálogos*: el de *Timeo* y el de *Critias*, la legendaria isla de la Atlántida. Según narró en el *Timeo*, la isla desapareció por terremotos y cataclismos "durante un día y una noche horribles".[3]

Las fases de la luna igualmente germinaron una idea de muerte y regeneración a través del sufrimiento contraria a la del eterno retorno, expresa Eliade. Dice que en el área mediterránea mesopotámica los sufrimientos del hombre fueron asociados con los de un dios: Yahvé. Sin embargo, esos sufrimientos no eran definitivos, porque llegaba la muerte, y con ella, una resurrección. Esta vertiente fue abrazada particularmente por los hebreos y asimilada y difundida por el cristianismo. Los profetas cristianos anunciaron la llegada del Mesías, hijo de Yahvé, que salvaría del sufrimiento a la humanidad. Así ocurriría el "fin de los tiempos", es decir, el tiempo se acabaría porque se viviría una resurrección eterna.

En resumen, para la naciente religión cristiana el tiempo dejó de ser cíclico y universal; era lineal, determinado por la única voluntad de Yahvé. De esta fuente nació el libro sagrado dedicado exclusivamente al fin de los tiempos: el Apocalipsis. Cuando el cristianismo extendió su dominio combatió las artes adivinatorias y la idea del eterno retorno. Así impuso una manera distinta de percibir el tiempo, el cosmos, la naturaleza y la condición humana, visión que prevalece en Occidente en la actualidad.

El cristianismo, sin embargo, no consiguió eliminar por completo la doctrina tradicional de la regeneración periódica. Jorge Luis Borges en su libro *Historia de la eternidad*, serie de ensayos filosóficos sobre el tiempo, dice que a lo largo de la historia el mito del eterno retorno se manifestó en tres variantes. La primera fue, como se ha mencionado, a través de la astrología, y Platón fue uno de sus exponentes primeros: "si los periodos planetarios son cíclicos, también la historia universal lo será". La segunda le parece "patética", la vincula al filósofo alemán Friedrich Nietzsche, autor de la obra *Así habló Zaratustra*: la historia es cíclica y sus circunstancias se repetirán de forma idéntica. La tercera interpretación, "menos pavorosa y melodramática", es la que habla de "ciclos similares, no idénticos". Esta última idea se extendió por siglos, y está presente en diversos presagios en torno a 2012. Otros vaticinios del año en cuestión, en contraste, se inspiran en el Apocalipsis. En este caso, el fin de los tiempos está próximo.

El Apocalipsis

El terremoto gigante devasta Brasil. En el Cerro del Corcovado, en Río de Janeiro, la estatua monumental del Cristo Redentor, con sus brazos abiertos, truena en su base. El Cristo cae en pedazos, al vacío. La escena es de la película *2012*, que asoció una hecatombe mundial no sólo al sistema calendárico maya sino también al Apocalipsis bíblico. El término Apocalipsis está en boga: "2012 será un año apocalíptico", se dice por ahí. Basta navegar por internet, ver programas televisivos como *El efecto Nostradamus* o *Descifrando el pasado: Apocalipsis 2012, el fin de nuestros días*, de History Channel, o ingresar a cualquier librería y encontrarse libros como *Apocalipsis 2012, profecías sobre el fin de los tiempos*, de David Walter, y *Apocalipsis 2012*, de Lawrence E. Joseph, entre otros, para darse cuenta del asunto.

Pero, ¿qué es el Apocalipsis? La idea más extendida es que el Apocalipsis se escribió para dar consuelo y fortaleza a iglesias de raíz hebrea perseguidas en Asia. En sus inicios su significado fue: los tormentos serán superados en pos de la felicidad gloriosa. Si bien el término griego significa "revelación", la lectura perturbadora del texto lo hizo sinónimo de fin del mundo o de una destrucción inevitable. La versión más conocida del Apocalipsis es la del último libro canónico del Nuevo Testamento atribuido a San Juan Evangelista, escrito entre los años 94 y 95 d.C. Anuncia tres momentos: primero un periodo de calamidades y desastres. Después, la segunda llegada del Mesías, quien reinará la humanidad durante 1000 años en los que Satanás estará encadenado, por lo que serán 1000 años de paz. Tras el término del plazo, Satanás quedará libre. Se desatará entonces una lucha implacable y terrible de las fuerzas del bien contra el mal, conocida como Armagedón. Luego vendrá el día del Juicio Final, en el que no hay posibilidades de regeneración. Según el veredicto, se vivirá para siempre en el cielo o en el infierno.[4]

Isaías y Daniel son los profetas del Antiguo Testamento con una escritura especialmente apocalíptica. En Isaías 24: 3-6, por ejemplo, se detalla la furia de Yahvé sobre sus enemigos a través de una catástrofe: "Queda la tierra rajada, queda saqueada —el Señor ha pronunciado esta amenaza—. Languidece y descaece la tierra, desfallece y descaece el orbe, desfallecen el cielo y la tierra, la tierra empecatada bajo sus pies que violaron la ley, trastocaron el decreto, rompieron el pacto perpetuo. Por eso la maldición se ceba en la tierra y lo pagan sus habitantes, por eso se consumen los habitantes de la tierra y quedan hombres contados". En el mismo capítulo, líneas más adelante (24: 18-20), Isaías precisa esta destrucción a través de terremotos y un diluvio: "Se abren las compuertas del cielo y retiemblan los cimientos de la tierra: se tambalea y bambolea la tierra, tiembla y retiembla la tierra, se mueve y se remueve la tierra, vacila y oscila la tierra como un borracho, cabecea como una choza; tanto le pesa su pecado, que se desploma y no se alza más".

En el caso de Daniel, una de sus visiones apocalípticas más conocidas es la de "los cuatro imperios mundiales" (7: 1-7): "Tuve una visión nocturna: los cuatro vientos agitaban el océano. Cuatro fieras gigantescas salían del mar, las cuatro distintas. La primera era como un león con alas de águila [...] La segunda era como un oso medio erguido, con tres costillas en la boca, entre los dientes [...] Después vi otra fiera como leopardo, con cuatro alas de ave en el lomo y cuatro cabezas [...] Después tuve otra visión nocturna: una cuarta fiera, terrible, espantosa, fortísima; tenía grandes dientes de hierro, con los que comía y descuartizaba, y las sobras las pateaba con las pezuñas. Era diversa de las fieras anteriores, porque tenía diez cuernos". La cuarta fiera representará "un cuarto reino que habrá en la tierra, diverso de todos los demás; devorará toda la tierra, la trillará y despedazará".

Diferentes épocas vislumbraron en el Libro de Daniel la aparición de la cuarta fiera o bestia. El texto también se considera referencia del Anticristo, cuyo nacimiento es la señal inequívoca del Armagedón. El Anticristo, la "Bestia", hijo de Satanás, es un falso Mesías que engañará a las masas para dejarles muerte y destrucción.

La criatura poseerá poderes diabólicos, pero será identificada de la siguiente forma (Apocalipsis 13: 18): "Aquí hay sabiduría. El que tenga entendimiento, que cuente el número de la bestia, pues es número de hombre. Y su número es seiscientos sesenta y seis". Es importante recordar el significado del texto de San Juan para los cristianos. En el libro *Profecías para el nuevo milenio...*, una edición argentina de autoría anónima, se precisa que el Apocalipsis, además de tener una lectura religiosa, también posee una terrenal. Fue escrito en el siglo I, décadas después de la histórica persecución de Nerón contra los cristianos, por lo que, si bien manifiesta propósitos religiosos, también denuncia al gobierno romano en lenguaje cifrado para evitar represalias. De esta forma, el nombre de "Neron Caesar", en caracteres hebreos, da por resultado la cifra 666, en tal caso, Nerón fue el primer Anticristo.

No obstante la cifra 666, a partir de cálculos variables, también se asignó a otros personajes, dependiendo del contexto histórico y político social de quien saque la cuenta. La lista de Anticristos es larga: el fundador del Islam, Mahoma, el líder protestante Martín Lutero, así como personajes del siglo XX de leyenda oscura: Benito Mussolini, Adolfo Hitler, Ronald Reagan, George Bush, Saddam Hussein, y más recientemente Osama Bin Laden, a quien se le adjudicó el ataque terrorista más implacable en Occidente: el de las Torres Gemelas de Nueva York en 2001. Por cierto, el gobierno estadounidense informó, de manera poco clara, de su supuesta ejecución en mayo de 2011.

Retomo el hilo de la narración. En el año 331 el emperador romano Constantino decretó la libertad de culto religioso: el cristianismo dejó de ser perseguido. Seis décadas después, en el año 393, el emperador Teodosio lo convirtió en la religión oficial. En definitiva, como Fortiz reflexiona, fueron necesarios cuatro siglos de duros combates para que Jesucristo, profeta de Dios, fuera institucionalizado como verdad única. Cuando el cristianismo finalmente se instauró, la palabra de los profetas bíblicos perdió sentido durante varios siglos. El reino de Dios estaba seguro en la tierra. No obstante, las profecías apocalípticas resurgieron en Europa en la víspera del año 1000.

El milenarismo

El anuncio en el Apocalipsis de un periodo de 1000 años en los que Satanás estará prisionero, tras los cuales será liberado, y, como consecuencia, surgirá el Armagedón, provocó un fenómeno llamado "milenarismo": profetas, líderes religiosos, eruditos, predijeron el fin de tal ciclo en distintas fechas. La idea de que el Armagedón estuviera en puerta motivó sentimientos opuestos, pues si bien habría una guerra implacable de la luz contra la oscuridad, y esa guerra destruiría la vida en la tierra, era un requisito obligado para lograr la venida de Jesucristo y la resurrección eterna. En diferentes momentos se interpretó que la liberación de Satanás era inmediata, lo que provocó pánico, revueltas, esperanzas frustradas, o un gran alivio porque nada sucedió. El milenarismo se diseminó en círculos de revolucionarios evangélicos extremistas, sociedades secretas, algunos escritores y predicadores protestantes, y círculos de iluminados, de acuerdo a Juan Miguel Ganuza en su libro *Los últimos tiempos, milenio y milenarismo*, escrito bajo una mirada cristiana. John Hogue, autor del libro *Las profecías del milenio*, amplio compendio de profecías en la historia, señala que algunos profetas de raíz cristiana proclamaron el Apocalipsis en los años 996, 1186, 1533, 1665, 1866, 1931, 1945, 1954, 1960, 1965, 1967 y 1994.

El Apocalipsis también estuvo en boga con la entrada del año 2000. Como veremos más adelante, el arribo del segundo milenio despertó inquietudes acerca de la posibilidad de que el mundo se acabara. Por esa razón, se publicó en ese momento el libro *El fin de los tiempos* con las reflexiones de cuatro reconocidos intelectuales de la época: el escritor y filósofo Umberto Eco, el historiador de religiones Jean-Claude Carrière, el historiador de las ciencias Stephen Jay Gould, y el actor y guionista Jean Delumeau, colaborador cercano del cineasta Luis Buñuel.

En el libro los intelectuales expresan, cada uno por su lado, sus impresiones sobre el fin de los tiempos más recordado: el originado al arribo del primer milenio. En la víspera del año 1000, en regiones de Francia y Alemania, corrió el presagio de la liberación de Satanás. Jay Gould dice que el anuncio provocó cierta agitación popular, pero el suceso trascendió hasta nuestra época como de pánico masivo. Como haya sido, se atribuye al monje Raoul Glaber divulgar la noticia. Está de más decir que el monje enfrentó un fracaso predictivo. Jay Gould ilustró lo que el monje y otros profetas milenaristas vivieron cuando se hizo un silencio incómodo al vencerse el plazo del fin del mundo por ellos fijado: "O bien uno renuncia a su creencia, o bien se retoca la foto: lo había entendido mal, mis cálculos eran incorrectos. Y haces maravillas para reinterpretar el mensaje con el fin de descubrir la fecha verdadera". El monje, sobrepuesto del descalabro, presagió otro fin de los tiempos para el año 1033.

Jay Gould dice que uno de los personajes que hizo "maravillas" para dar con la fecha en cuestión fue James Ussher, primado de Irlanda. Hizo una cronología en 1650 en la que fijó como el día de la fecha de la creación del mundo un 23 de octubre alrededor de las 12 del día. De ahí restó 2 000 años hacia el nacimiento de Cristo, luego sumó otros tantos. Tras varios cálculos de origen oscuro, concluyó que el mediodía del 23 de octubre de 1997 ocurriría el fin de los tiempos. Nada pasó. Por el contrario, las efemérides de ese día fueron irrelevantes. De lo más destacable fue el lanzamiento del 40 aniversario del disco *Pet Sounds* de The Beach Boys, la banda californiana de los años sesenta.

Las profecías apocalípticas florecieron particularmente durante las Cruzadas de los siglos XI y XIII, cuando tropas de diversos territorios de Europa combatieron a los musulmanes tras su invasión de Tierra Santa. Igualmente, hubo oleadas de presagios apocalípticos por motivos de mortandad o crisis político-religiosas: grandes pestes como la de 1348, el Gran Cisma en la Iglesia católica (1363-1417) con dos o hasta tres Papas rivales compitiendo por el poder, la Reforma Protestante, y diversas guerras de religión de los siglos XV y XVI.

Delumeau considera que a partir de la segunda mitad del siglo XVII los temores apocalípticos aminoraron. Ocurrió porque Lutero, crítico del poder de la jerarquía católica, señaló al Papa como el Anticristo. El fraile agustino fue excomulgado. La ruptura lo llevó a encabezar un movimiento de protesta contra la elite romana, llamado "protestantismo", que devino en la división de la Iglesia católica y provocó el nacimiento de la Iglesia protestante.

El fervor apocalíptico, considera Jay Gould, puede ser explosivo porque aquellos "oprimidos, desposeídos, revolucionarios, revolucionarios místicos y salvadores", se enfrentarán a los poderes establecidos con singular enjundia. Al fin y al cabo, pensarán, el mundo se va a acabar. Delumeau coincide con su apreciación, y cita algunos casos de manifestaciones violentas inspiradas en el fin de los tiempos: la insurrección de rebeldes checos en 1420, el movimiento campesino encabezado por el reformador radical Thomas Müntzer en 1525, y la toma de Münster, en Alemania, en 1534 y 1535, por la secta cristiana anabaptista, que estaba segura de que Cristo descendería de las alturas en su ciudad para establecer la nueva Jerusalén.

Con la conquista de América, el milenarismo llegó al Nuevo Mundo. Es importante aquí hacer una precisión: Eco estima que la propia "ilusión milenarista" de los aztecas de esperar el retorno del mítico Quetzalcóatl posibilitó la destrucción del imperio indígena por parte de las huestes españolas. El milenarismo europeo no sólo llegó a América a través de Iglesia Católica Apostólica y Romana. Otra vía se suscitó a través de los primeros protestantes que viajaron de Inglaterra a Norteamérica. La expresión más patente de ese milenarismo en Norteamérica es la de Jonathan Edwards, promotor del despertar protestante en los años 1740 y 1744. Edwards promovió uno de los fundamentos de identidad de la naciente nación: Norteamérica era la tierra elegida para instaurar el paraíso terrenal. Sobre ese fundamento se erigió el imperio estadounidense.

Fines del mundo fallidos

Varias religiones, particularmente protestantes, vaticinaron repetidas ocasiones el Armagedón en América. En el siglo XIX, por ejemplo, Willian Miller, un agricultor de Nueva Inglaterra, lector asiduo de la Biblia, profetizó que el juicio final sería entre 1843 y 1844. No se cumplió su presagio, pero tuvo miles de seguidores y fundó la Iglesia Adventista del Séptimo Día. De igual manera, el milenarismo marcó el nacimiento de la Iglesia de Jesucristo y de los Santos de los Últimos Días, conocida como Iglesia mormona. J. Smith fundó la religión a partir de un libro escrito por él sobre una supuesta revelación divina, llamado el *Libro de Mormón*, en el que Dios habla de un pueblo elegido en Norteamérica. La actual sede de la Iglesia mormona está en Utah.

El milenarismo también inspiró el surgimiento de la Iglesia de los Testigos de Jehová, para quienes el fin de los tiempos, o "Tiempo de los gentiles", comenzó en 1914, cuando Cristo se presentó en la tierra de forma invisible. Pero Cristo, cumplido un plazo terrestre, partirá de un momento a otro y ocurrirá el Armagedón, la batalla en la que Dios destruirá la maldad y los sistemas de gobierno. Sólo se salvarán 144 000 elegidos citados en el Apocalipsis. Se trata de gente virtuosa y disciplinada en el culto a Jehová. Irán al cielo. Aquellos que tuvieron una actitud atenta con ellos, tendrán una vida feliz y una resurrección terrenal. Quienes les trataron mal y no quisieron escucharles, serán exterminados.

En el siglo XX hubo otros pronósticos del fin del mundo ajenos a las religiones, aunque trasminados por el Apocalipsis. Fortiz dice que a partir del siglo XX la idea de la proximidad de un cataclismo se arraigó en la psique popular, y dejó de lado la idea cristiana de la posterior redención y paz que imperó en los siglos previos. Es decir, el fin de la humanidad ocurriría sin ninguna posibilidad de trascendencia espiritual.

La mayoría de los presagios catastróficos del siglo xx tuvo como fuente la proximidad de cuerpos celestes con la Tierra, a los que se culpó de calamidades gigantes por ocurrir. Uno de ellos provocó la psicosis colectiva más trágica en la historia moderna de Iberoamérica. Sucedió en Argentina en 1910, después de que el astrónomo francés Camille Flammarion, también autor de literatura fantástica, declaró al *New York Times* sobre las posibilidades de que el paso del cometa Halley en ese año envenenara con gases la atmósfera y extinguiera toda especie viva. La fecha estimada del suceso fue el 18 de mayo de 1910, y Buenos Aires se conmocionó.

Cuando Flammarion hizo su predicción, un argentino de nombre Domingo Barisane publicó un folletín escrito con lenguaje apocalíptico al que tituló *La fin del mundo*, de acuerdo al diario *La Nación*. En el folleto, que el hombre vendió de puerta en puerta, adelantaba: el paso del cometa provocaría lluvias de anfibios y peces, monstruos marinos atacarían embarcaciones, tempestades, plagas y enfermedades azotarían a la humanidad. El vaticinio provocó un número de suicidios sorprendente, y quizá incomparable, en la historia moderna: 427 casos en Buenos Aires. El primero de ellos, según registró el *Diario Z de la ciudad de Buenos Aires*, fue el de la joven Elvira Bernández, nacida en una familia española con varias panaderías en el barrio de San Telmo. Ella se envenenó al ingerir fósforo.

No todos los pronósticos de fines del mundo ganaron titulares: algunos se enfrentaron en la privacidad. En México, por ejemplo, la Iglesia de los Testigos de Jehová profetizó que algún día de 1976 sobrevendría el Armagedón. La diseñadora Elizabeth Landa era entonces una niña, y vio los preparativos familiares para enfrentarlo. La madre mandó construir una alacena para guardar alimentos atrás de la casa. Comida enlatada, granos empacados, y una dotación grande de papel de baño –eran seis hijos– fueron almacenados. "Mi mamá no quería espantarnos, no dudo que haya llorado en su cuarto", ella recuerda. El Armagedón no llegó. Con el tiempo, el arroz y la lenteja se llenaron de gorgojos. Su madre nunca dio explicación alguna, pero de vez en cuando solicitaba a alguno de sus hijos: "tráeme una lata de frijoles de allá atrás".[5]

En los años ochenta, varios libros de astrología pronosticaron catástrofes planetarias. Dos de los más exitosos fueron *La gran catástrofe de 1983*, de Boris Cristoff, y *The Jupiter Effect*, de John Gribbins y Stephen Plagemann. En México, la legendaria editorial Posada publicó un libro curioso: *El fin del mundo en 12 lecciones*, de Juan José Morales. La obra recoge las inquietudes pesarosas de la época por el futuro de la humanidad. No era para menos, pues se descubría un virus mortal que después se denominaría VIH sida. La obra, escrita en 1984, describe escenarios posibles de fin del mundo debidos a factores humanos o siderales. Entre otros, la extinción de la especie por una pandemia, una guerra nuclear por accidente, una glaciación inesperada por la alteración del clima, una lluvia de meteoritos, guerras con armas biológicas, o la colisión de un cuerpo celeste contra la Tierra, entre otros.

A fines de la década de los ochenta, y también durante los noventa, trascendieron varios casos de sectas apocalípticas que presagiaron el fin del mundo. Yohanan Díaz narró algunos de ellos en el libro *Profecías del ¿juicio final?* Uno de los casos fue el de Misión Rama, fundada en 1974 por los peruanos Sixto y Carlos Paz Wells, que aseguraban tener contacto telepático con seres de Júpiter. Sixto anunció un cataclismo nuclear y la reversión de los polos terrestres por el paso del cometa Halley para 1986.

Otro caso fue el de la estadounidense Elizabeth Clare Prophet, conocida como Gurú Ma, cabeza de la Iglesia Universal y Triunfante, quien vaticinó el fin del mundo para abril de 1990. Ella logró reunir alrededor de 2 000 personas en un refugio montañoso en Montana erigido para la ocasión: sótanos acondicionados con provisiones, botiquines de primeros auxilios, generadores eléctricos, artículos de cocina. Gente de Europa, Sudamérica y África se les unió. Yohanan dice que pese al fracaso, la Iglesia Triunfante continuó rindiendo culto a Gurú Ma y conservó el refugio para tiempos venideros.

En Italia hubo otra secta apocalíptica llamada No Estamos Solos, liderada por Marcos Amadio, seguidor de Eugenio Siracusa, Giorgio y Filippo Bongiovanni, asumidos como personas contactadas con extraterrestres. Según ellos, en 1991 un asteroide de 35 kilómetros colisionaría con el planeta. El cataclismo era el preludio del regreso de Jesucristo. El grupo se refugió en albergues improvisados, pues naves extraterrestres los evacuarían en el último momento. No Estamos Solos constató con frustración que nada de lo pronosticado aconteció.

Poco después, la Gran Cofradía Blanca generó otra noticia similar en Ucrania. Su líder Marina Tsvyguna, convencida de ser la séptima reencarnación de Jesucristo, predijo el fin de los tiempos para el 14 de noviembre de 1993. Ella debía ser crucificada el 10 de noviembre, así resucitaría tres días después, el 14 de noviembre, día del Juicio Final. El 10 de noviembre, acompañada por un grupo de fieles, tomó la catedral de Santa Sofía en Kiev. El plan era que después de su crucifixión, sus adeptos se suicidarían. La policía intervino a tiempo para evitar la tragedia.

Algunas sectas apocalípticas sí consumaron suicidios o hechos dramáticos. Walter Quiñones, en su libro *Profecías de todos los tiempos*, recoge tres de los casos. Uno ocurrió en 1993 a la Rama de los Davidianos encabezada por David Koresh, surgida de la Iglesia Adventista del Séptimo Día. El hombre anunció la proximidad del Apocalipsis a su comunidad religiosa en Waco, Texas. Cuando la información llegó a la policía, ésta desplegó un cerco alrededor del asentamiento davidiano. Los habitantes respondieron con armas de fuego y hubo víctimas en ambos lados. En un intento de toma policial del complejo, se desató un incendio y decenas de davidianos murieron.

Un año después, en 1994, la secta Orden del Templo Solar fue noticia porque 53 de sus integrantes, convencidos de la cercanía del fin del mundo, se suicidaron en Suiza y Canadá. En 1995 otros 16 seguidores se quitaron la vida. El mismo año en Japón, otra secta de nombre Aum Shinri Kyo, liderada por Shoko Asahara, fundió creencias budistas con cristianas y anunció la inminencia de la tercera guerra mundial como comienzo del Apocalipsis. Asahara concebía a la sociedad occidental como corrompida y sin posibilidad de salvación, por lo que ideó un método de aniquilación masiva: diseminó un gas mortal al interior del metro de Tokio. El saldo: 12 muertos y 1300 heridos, algunos con daños irreversibles en la vista, las funciones neurológicas o el sistema nervioso.

En 1997 el paso del cometa Hale-Bopp fue razón de otra tragedia, como la de Buenos Aires. La historia se cubrió extensamente en los medios de comunicación: el estadounidense Marshall Applewhite, fundador del culto Heaven's Gate (Puerta del Cielo), secta que mezclaba información de tipo extraterrestre con las Sagradas Escrituras, advirtió del fin del mundo a sus seguidores. Incitó al suicidio a 18 hombres y 21 mujeres porque si sus almas alcanzaban la cola del cometa, habría una nave extraterrestre que los llevaría ante Dios.

Desde la década de los setenta Applewhite y su novia Bonni Nettless se presentaron a la opinión pública como contactos de fuerzas alienígenas. Luego, mezclaron su información, según ellos, recibida telepáticamente desde el espacio exterior, con la del Apocalipsis. Su tesis era que la Tierra necesitaba reciclarse cada determinado periodo, por lo cual habría una destrucción total. Era urgente evacuar el planeta. El líder de la secta dejó escrito en internet, según el diario *La Nación*: "Nuestros 22 años de aprendizaje en la Tierra llegan a su fin. Estamos preparados para abandonar este mundo con alegría". El 26 de marzo de 1997, el grupo se envenenó en una casa en California.

La llegada de los años 1999 y 2000, el nuevo milenio, suscitó de nuevo ideas milenaristas. Se vivió entonces un fenómeno inédito, por su carácter masivo y la diversidad de augurios generados. En 1999 corrió la versión de que la Tierra sufriría un cataclismo mayúsculo vaticinado en una estrofa de Nostradamus. El famoso profeta usó una escritura llena de símbolos para evadir la persecución de la Santa Inquisición contra las artes adivinatorias. Pero en esta ocasión, en la Centuria X, Cuarteta 72, mencionaba literalmente al año 1999. Stefan Paulus citó la estrofa en su libro *Nostradamus 1999*: "El año de mil novecientos noventa y nueve, séptimo mes / Del cielo vendrá el gran Rey de Terror / Resucitando al gran Rey de los Mongólicos / Antes después de

Marte, para reinar felizmente". Paulus lo interpretó como anuncio del horror: una guerra nuclear, porque Marte es el planeta de la guerra, que aliaría a musulmanes y chinos, estos últimos representados en "el gran Rey de los Mongólicos". El asunto no paraba ahí porque en plena guerra, además, caería un meteoro que provocaría terremotos, olas descomunales, huracanes.

Paulus reconoció en su obra que la NASA no anticipaba el paso de meteoro alguno por la bóveda celeste para ese año. Entonces vinculó la citada cuarteta 72 con otras 200 más de Nostradamus y encontró una nueva señal astronómica del año 1999. Paulus vio la clave en la cuarteta 34: "Cuando ocurra el eclipse solar, a plena luz del día se verá el monstruo: Todo mundo discordará en la interpretación, altos precios sin control, nadie se habrá preparado". No habría meteoro, pero sí un eclipse total de sol –el "monstruo"– sobre Francia, cuna de Nostradamus, el 11 de agosto de ese 1999. La profecía para Paulus siguió en pie.

Otro fenómeno celeste, presagiado en la misma fecha, aumentó el interés en círculos esotéricos. Ese día, a las 11:08 horas (Greenwich), al famoso eclipse total de sol, el último del milenio, se sumaría un fenómeno excepcional: la Luna en conjunción con el Sol, con otros tres planetas, conformaría la figura de una gran cruz en el firmamento. La astróloga Luisa Conde lo analizó para la revista española *Hora Cero*. Se le llamó "cruz cósmica", y era signo de que entre agosto y diciembre se produciría un periodo "fuera del tiempo" que culminaría el 22 de diciembre de 1999, al abrirse una "puerta de los dioses", signo de entrada a una nueva era espiritual. La "cruz cósmica" no tardó en ser asociada con el Apocalipsis. *Hora Cero* advirtió que en su capítulo 12 se lee: "Una gran señal apareció en el cielo: una mujer vestida de Sol, con la Luna bajo los pies".

El 11 de agosto amaneció y anocheció. No hubo cataclismo ni guerra nuclear. No obstante, la "cruz cósmica" observada en el cielo no pasó inadvertida para el mundo esotérico, pues era signo de los tiempos venideros. Se la asoció con 2012, año que para entonces incrementó su popularidad por el libro *El factor maya*, de José Argüelles, el libro *Las profecías mayas*, de Maurice M. Cotterell y Adrian G. Gilbert, y las producciones audiovisuales *Los dueños del tiempo. Las siete profecías mayas*, del colombiano Fernando Malkún.

La llegada del año 2000

El arribo del año 2000 provocó más augurios sobre el fin del mundo, algunos extraídos de escrituras antiguas. Hogue recogió varios de ellos, por ejemplo, que los druidas célticos fijaron su ciclo último de 500 años alrededor del 2000. Además, salió a relucir el presagio sacado con mediciones y cálculos matemáticos de las cámaras de la pirámide de Keops, en Giza. El escritor Rodolfo Benavides las difundió ampliamente en su libro *Las dramáticas profecías de la gran pirámide*, muy famoso en las décadas de los años sesenta y setenta. Este cómputo encierra una crónica de la historia de la humanidad desde los tiempos de Adán y Eva, y marca, como fecha final, el arranque del siglo XXI, no el año 2000, pero sí el siguiente, 2001.

Como sucede en la actualidad, no se hicieron esperar diversos libros con predicciones que cruzaban información científica y esotérica acerca de un cataclismo ecológico en el 2000. Uno de los más populares fue el de Richard Noone, intitulado *5/5/2000 Hielo: el desastre final*. La obra alertaba del deshielo de la Antártida con consecuencias devastadoras en el globo terráqueo.

Por si todo esto fuera poco, el mundo tecnológico y cibernético se invadió con un rumor que circuló abundantemente en los medios de comunicación. Se le llamó *Efecto 2000* o Y2K, acróstico de "the year two thousand", y alertó lo siguiente: a las 23:59 horas del 31 de diciembre de 1999, los sistemas computacionales del mundo enloquecerán porque no fueron creados para cambiar dígitos al año 2000. En *Hora Cero* se especuló la ruina económica global por la paralización de mercados, interrupción de comunicaciones, tráfico aéreo y suministro de energía. La tercera guerra mundial también estaba en puerta, porque el sofisticado armamento nuclear se activaría indiscriminadamente por el mítico botón rojo de computadora. Llegó el año 2000 y ninguna de las anteriores predicciones se cumplió. Ni el mundo se paralizó, ni la Antártida se deshieló, ni hubo guerra nuclear.

Con cierto sarcasmo, Eco reflexionó sobre la llegada del año 2000 en *El fin de los tiempos*. Consideró que no se vivió miedo, sino morbo alimentado por los medios de comunicación. El italiano hizo una comparación con lo vivido en la víspera del citado año 1000 que, como se señaló, divide opiniones de historiadores acerca de un supuesto terror popular por el significado milenarista del año. Puesto que no hay archivos suficientes acerca de los sucesos de la noche del 31 de diciembre de 999, Eco descartó un pavor generalizado. En contraste, en la víspera del año 2000, "por exceso de archivos, nuestros descendientes podrían creer que toda la humanidad fue presa de pánico durante la noche del 31 de diciembre de 1999", lo cual, como sabemos, no fue exactamente así. Trascendido el presagio del fin del mundo del año 2000, las miradas se dirigieron entonces a 2012.

Profetas hechos leyenda

Es sorprendente saber que el fenómeno de las llamadas profecías mayas se originó inicialmente porque alguien, a mediados de los años ochenta, dijo recibirlas telepáticamente de seres cósmicos. Me refiero al ya mencionado José Argüelles, considerado el profeta de 2012. Si bien la imagen tradicional de un profeta proviene de la Biblia, a lo largo de la historia diversidad de personajes aseguraron, como en el caso de Argüelles, haber recibido información de carácter divino, sobrenatural, o incluso extraterrestre, que suponían trascendental para la humanidad. La palabra *profeta* viene del griego *pro-hemi*, cuyo significado es "decir". Por esa razón, para fines prácticos, en los últimos apartados de este capítulo no sólo se desplegarán profetas en el sentido estricto de la palabra, es decir, quienes se dijeron canales de Dios. También se hablará de mujeres y hombres que, asumidos como psíquicos, buscaron adelantarse a los acontecimientos. Santas, artistas, personas excéntricas, chamanes, contactos extraterrestres, están en la fila de futuristas místicos y clarividentes.

La actividad profética, como mencioné, perdió fuerza al establecerse el cristianismo como religión oficial, pero se reavivó durante las Cruzadas de la Edad Media. La monja Hildegarda de Bingen, nacida en Alemania en 1098, un año después de arrancada la Primera Cruzada, es de hecho la profetisa más conocida de la época por sus visiones y mensajes místicos. Según ella, se los revelaba una luz y, aunque Hildegarda ocultó 40 años sus visiones, la luz le pidió que, finalmente, las difundiera. A Hildegarda se le atribuyó haber pronosticado la división de la Iglesia católica y el surgimiento del protestantismo.

Hans Krofer, en su libro *Profecías y profetas*, cuenta que Hildegarda vislumbró el fin del mundo, aunque no especificó fecha alguna. No obstante, estimó que la duración del mundo era de siete periodos o edades, de acuerdo a los siete días de la creación. En su valoración, su época vivía la séptima edad, por lo que enfrentaría el fin de los tiempos.

Otro de los profetas más conocidos de la Edad Media es el famoso San Malaquías, que no debe confundirse con el profeta hebreo del mismo nombre. Este Malaquías levanta polémica pues se duda de su existencia. Se dice que fue un monje irlandés del siglo II de nombre Mael Maedoc Ua Morgair, autor de la famosa Profecía de los Papas, según la cual el fin del mundo acontecerá con la muerte del último Papa. La Profecía de los Papas contiene 112 lemas en latín que enlistan cifradamente a los Pontífices elegidos desde el año 1144 hasta el fin de los tiempos. Cada lema revelaría la identidad de un Papa de acuerdo a su personalidad y obra, lo cual se ha prestado a especulaciones.

Fortiz rechaza la veracidad del documento, adjudica la autoría de una primera versión al monje benedictino Arnould de Wyon para beneficiar a un grupo eclesiástico en particular. Agrega que dicha versión sufrió con el tiempo posteriores añadidos. Sin embargo, la Profecía de los Papas cobró interés en el siglo XX. De acuerdo con estimaciones distintas, se considera que Karol Wojtyla, llamado Juan Pablo II, es el antepenúltimo Papa. A éste le correspondería el lema *De labore solis* (Del trabajo del sol) con el número 110 de la lista. De ser así, al actual Papa Joseph Alais Ratzinger, conocido como Benedicto XVI, sería el Papa número 111 y le tocaría el lema *De gloria olivae* (De la gloria del olivo). El número 112 es para *Petrus romanus* (Pedro el Romano), cuyo lema, según Krofer, está acompañado de una advertencia final: "Durante la última persecución a la santa Iglesia Romana, se sentará en la Silla de San Pedro, Pedro el Romano que cuidará de sus ovejas en medio de numerosas tribulaciones; una vez terminadas éstas, la ciudad de las siete colinas será destruida y el temible juez juzgará al pueblo". Otros cálculos hechos a partir del mismo documento ubican al último Papa en el año 2031.

Así como Malaquías, hubo otros personajes proféticos legendarios. Uno de ellos fue Merlín, surgido del folclor celta e inmortalizado en la leyenda de la corte del rey Arturo. Una de las versiones de su origen, que recoge Fortiz, cuenta que Jesucristo buscó en el infierno algunos justos extraviados, los demonios enfurecieron y uno de ellos abusó de una joven. Así nació Merlinus, mago y vidente. De hecho, es el mago más famoso de Europa. En 1140 circularon las llamadas *Profecías de Merlín* sustentadas en la pugna entre celtas y sajones. Años después, en 1279, se publicó un libro con el mismo título, con 300 postulados políticos, de los cuales uno de ellos se estimó acertado: "Una virgen liberadora saldrá un día del bosque nevado".

A Juana de Arco se la identificó como la "virgen liberadora" de las *Profecías de Merlín*. La heroína y mística nacida en 1412 en un poblado boscoso de Francia es la figura profética más emblemática de Europa. Juana nació en una familia campesina y desde niña dijo escuchar la voz de Dios. También escuchaba otras voces, a su entender, las de Santa Margarita, Santa Catalina y San Miguel. Las voces le dijeron que buscara al delfín Carlos VII y lo convenciera de darle la autoridad sobre su ejército para liberar la ciudad de Orleáns bajo dominio inglés. Juana aseguró al Delfín que las voces le vaticinaron el triunfo militar y la coronación del noble en la ciudad de Reims. El Delfín puso el ejército a sus órdenes y ella logró la hazaña. Carlos VII se coronó rey. La muchacha insistió en avanzar militarmente para liberar París, también invadido por los ingleses, pero el soberano la desoyó, prefirió optar por un proceso de paz armada. En su última batalla, Juana cayó en manos enemigas. Carlos VII la abandonó a su suerte. La Santa Inquisición la enjuició y condenó a la hoguera, acusada de hereje. Cinco siglos más tarde la Iglesia católica reivindicó a la joven, pues el papa Benedicto XV la hizo santa en 1920.

A fines del siglo xv, el mismo en que Juana fue quemada, cobró fuerza la espiral ascendente de caza de brujas por parte de la Santa Inquisición. Con este brazo implacable, la Iglesia católica aprovechó guerras regionales religiosas y así aniquiló a diversos enemigos: judíos, turcos, protestantes, y a cuanta persona incauta acusaran de hereje, blasfemo, nigromante, bruja, hechicero, agorero, encantador o astrólogo adivino. Se vivió una atmósfera apocalíptica, plasmada en obras de arte como el mural el *Juicio final* de Miguel Ángel, en la Capilla Sixtina.

La Santa Inquisición, sin embargo, no pudo impedir del todo la circulación de textos proféticos como los *Oráculos sibilinos*. La tradición sibilina está inspirada en las "Sibilas", personajes míticos femeninos de origen griego que veían el futuro. En los siglos IV y VII se redactaron textos milenaristas llamados *Oráculos sibilinos* que redujeron el periodo apocalíptico de 1000 a 100 años. Auguraban que durante 100 años un rey o monarca cristiano instauraría su religión en Jerusalén, territorio disputado a los musulmanes, y prevalecería un periodo de paz. Luego llegaría el Anticristo, y, con él, el Juicio Final. Delameu explica que los *Oráculos sibilinos* se difundieron en la Edad Media y fueron impresos en el siglo XV. Les ve una probable influencia sobre las *Centurias* de Nostradamus, pues éstas predicen la venida de un "Gran Monarca" de los últimos días.

Nostradamus

Se dice que Nostradamus recurría a la contemplación del agua o del fuego para vislumbrar, en estado de trance, escenas del futuro, la mayoría dramáticas. También se dice que lo hacía de manera clandestina, en la privacidad de su hogar, para evitar la persecución de la Santa Inquisición. Michele de Nostre-Dame, Nostradamus, es visto como el más grande profeta y vidente de la historia. En esta ocasión bien puede recurrirse a un lugar común: la historia profética se divide en antes y después de Nostradamus. Él nació en el seno de una familia judía convertida al cristianismo, en Saint-Remy-de-Provence, Francia, en 1503. Vino al mundo en un momento violento y desolado por las guerras imperantes, la persecución de la Santa Inquisición, y la mortandad provocada por la peste en la zona. No obstante, creció en una familia culta en los albores del Renacimiento.

Tradicionalmente se presenta a Nostradamus como un hombre flaco, alto, con rostro muy serio. A. Galloti dice en su libro *Nostradamus: Las profecías del futuro* que la descripción más confiable de él la hizo su amigo y primer biógrafo Jean Aimes de Chavigny de Beaune, en la obra *Vida del maestro Michael Nostradamus, médico de cabecera de Enrique IV, rey de Francia*, dedicada al monarca: "Nostradamus fue de estatura ligeramente inferior a la media normal, de complexión robusta, fuerte y vigorosa. Tenía frente ancha, nariz recta y regular, ojos grises, mirada dulce, pero viva y brillante cuando la cólera lo encendía; el rostro severo y afable al mismo tiempo, de modo que con la severidad se adivinaba en él una extraordinaria humanidad [...] paciente y fuerte ante la fatiga, sólo dormía cuatro o cinco horas por la noche. Amaba la libertad de expresión, era jovial, agudo, ingenioso y sumamente irónico".

Nostradamus estudió medicina, pero según Hogue, tuvo contacto con alquimistas y cabalistas profanos sumergidos en la clandestinidad. Se hizo médico-astrófilo, es decir, médico astrólogo. La astrología predictiva estaba prohibida porque ponía en duda la Divina Providencia. En cambio, la Iglesia católica aceptaba la astrología para atender tratamientos médicos, pues se pensaba que las purgas, las sangrías, o la ingesta de fármacos eran más efectivos si se realizaban bajo ciertas influencias astrales.

Como médico, Nostradamus ganó prestigio al sanar víctimas de la peste en poblados rurales. Irónicamente, se conoce que su primera familia murió en la pandemia. Diez años después estableció matrimonio con una viuda y vivió a las afueras de Salon. En dicha localidad Nostradamus incursionó completamente en el conocimiento y prácticas ocultistas. De esta forma, primero publicó un almanaque con "prudentes" vaticinios, narra Hogue. Le fue muy bien, así que se aventuró a escribir sus presagios en estrofas de cuatro versos, llamadas cuartetas, y las integró en una decena de libros titulados *Centurias*. Como medida de protección contra la Santa Inquisición, escribió con figuras poéticas y simbolismos, mezclando palabras en francés, hebreo, italiano, latín, griego y árabe. Algunos nombres de personajes o lugares los disfrazó con anagramas. Por ejemplo, Francia (France) podía ser Nercaf o Cerfan. Las cuartetas no tienen orden cronológico, y comprenden un periodo que va de los años 1560 a 3797.

A Nostradamus se le atribuye pronosticar la muerte del rey francés Enrique II a través de su cuarteta más conocida, la número 35 de la Centuria I, citada por A. Galloti: "El león joven al viejo dominará / el campo bélico por duelo singular / en jaula de oro le saltará los ojos / dos clases una, luego morir por muerte cruel". La estrofa fue escrita en 1554. Se dice que seis años después Enrique II participó en un torneo amigo contra un oponente más joven. La lanza del muchacho perforó la visera de metal del rey y le destrozó el ojo, murió irremediablemente. Su predicción acertada le otorgó la amistad y el cobijo de la reina Catalina de Médicis, viuda de Enrique II. Esta cercanía fue garante para que prosiguiera con sus libros proféticos sin riesgos. Nostradamus falleció a los 63 años, en 1566. El interés en sus *Centurias* no decayó con el tiempo, por el contrario, al principio del siglo xx había 150 ediciones en el mundo.

Otros libros proféticos del siglo xvi trataron de igualar el éxito editorial de Nostradamus, como sucedió con un manuscrito cuya historia es propia de la literatura de ficción: lo escribió un monje misterioso conocido como *La Araña Negra*, y cuatro siglos más tarde los nazis lo usaron para legitimar el Holocausto. Fortiz cuenta que la historia la desentrañó un profesor de nombre Baschera, de la Universidad de Turín. Al parecer, un monje bávaro escribió el texto profético y, como firma encriptada, estampó una pequeña araña negra en las esquinas de las páginas, de ahí su sobrenombre. Parte del libro se perdió en un incendio, pero en el siglo xix se restauró. En el siglo xx Paul Joseph Goebbels, ministro de Propaganda de la Alemania nazi, lo releyó, consultó a Hitler y decidió utilizarlo para infundir el espíritu supremacista nazi. El libro fue dañado en un bombardeo, pero pudo restaurarse de nuevo. Según esto, anticipaba las revoluciones francesa y rusa, el asesinato de J. F. Kennedy, y una tercera guerra mundial entre los años 1980 y 2000.

A partir del siglo XVII, y sobre todo en el XVIII, se extendió un tipo de pensamiento que vio en la razón la búsqueda del conocimiento: el racionalismo, que desdeñó la sabiduría antigua surgida de la intuición, lo divino y sobrenatural. Simultáneamente, en el pensamiento esotérico resurgió la idea del eterno retorno. En opinión de Eco, se miró hacia el conocimiento arcaico porque se pensó que "todo lo que podía ser dicho ya había sido dicho en la antigüedad más remota". De esta manera, por un lado, la ciencia moderna nació con una línea de tiempo hacia delante, de continuo progreso, y en contraste, el pensamiento esotérico vislumbró que ya no había progreso en el conocimiento, había que descubrir la sabiduría ancestral.

Vírgenes y clarividentes cristianos

En el siglo XIX las artes adivinatorias perdieron su carácter sagrado y hermético, y la figura del profeta místico se fue desplazando por la de clarividentes seglares, algunos convertidos en celebridades. Ciertas prácticas adivinatorias del pasado se pusieron de moda, como el tarot, la fisiognomía o lectura del rostro, la frenología (o lectura del cráneo) y la lectura del café o té. Especialmente llamó la atención la lectura de manos, quiromancia, que hizo famoso al conde británico Luis Hamon, *Cheiro* (1866-1936).

Sin embargo, paradójicamente, en el siglo xix regresaron las profecías apocalípticas. Algunas de éstas se manifestaron a través de un fenómeno singular que se prolongó hasta el siglo xx: la oleada de apariciones marianas, algunas con este tipo de presagios. Quiñones tuvo el detalle de contabilizar casos de personas que dijeron presenciarlas: de 1830 a 1980, una veintena, y de 1980 al 2000, un centenar. A pesar de tal cantidad, la Iglesia católica sólo reconoció ocho casos: Catherine Labore (1830), La Salette (1854), Lourdes (1858) y Pontmain en Francia (1870), Fátima en Portugal (1917), Beauring (1932) y Banneaux en Bélgica (1933), y Siracusa en Italia (1954). En gran parte de los casos los testigos fueron infantes o jóvenes, había testimonios de curaciones y milagros durante o después del acontecimiento, y los mensajes advertían sobre guerras nucleares. Hay que recordar que estaba en pleno apogeo la Guerra Fría, por la que los dos imperios, Estados Unidos y la Unión Soviética, se disputaban el dominio sobre el planeta. Muchas de las profecías del siglo xx estuvieron, de hecho, inspiradas en la atmósfera de la Guerra Fría y vieron en los bloques estadounidense y soviético representaciones de las fuerzas del bien y del mal.

El cristianismo también se hizo presente en vaticinios de reconocidos clarividentes de la primera mitad del siglo xx, como Edgar Cayce, Benjamín Solari Parravicini o Miguel Sabato. Cayce (1877-1945) está considerado como el mayor vidente estadounidense. Nacido en Kentucky, fue un lector asiduo de la Biblia. Se le llamó "el profeta durmiente", porque en estado de trance reveló 14 256 mensajes verbales. A Cayce se le atribuyen variadas predicciones cumplidas, como la caída de la Bolsa de 1929, la Segunda Guerra Mundial, y el final de los regímenes nazi, fascista y soviético. También son leyenda sus diagnósticos y prescripciones médicas durante sueños hipnóticos.

Cayce inauguró la oleada de profecías apocalípticas del siglo xx. Él presagió un periodo de 40 años de terremotos y maremotos –entre 1958 y 1998– que destruiría la fisonomía de los continentes. A su entender, la actividad telúrica sería signo de la reversión gradual de los polos, acelerada a partir de 1968. Cayce vaticinó la desaparición de una región central de Estados Unidos, y la devastación total de Los Ángeles, San Francisco, Nueva York. Sólo se salvaría la zona de Virginia Beach, parte de Indiana, Ohio e Illinois, y el sur y este de Canadá. París, Londres y Japón por igual serían arrasados. Sin embargo, por dichos movimientos telúricos emergerían restos de territorios desaparecidos en cataclismos antiguos. De esta manera, parte de la mítica isla de la Atlántida saldría de las profundidades oceánicas a la luz. A partir de 1998, se estabilizaría la actividad geológica.

"El profeta durmiente", además de sus predicciones catastróficas, también albergó, como profundo cristiano, la esperanza redentora de la Biblia y la idea de la instauración de un nuevo orden social y espiritual, tal cual lo consignó A. Galloti en *Las profecías del fin del milenio*: "Así como el Espíritu de Dios vino un día a instaurar la paz y la armonía en el caos, así también debe Él venir a la Tierra y brillar en los espíritus y las almas de los hombres [...] aportándoles la paz, la armonía y la comprensión".

En Sudamérica, Solari Parravicini (1898-1974) predijo, de igual manera, una catástrofe planetaria y la posterior era dorada. El pintor y escultor de origen argentino es visto como uno de los clarividentes más reconocidos de Iberoamérica. Parravicini aseguraba contactar con seres de otras dimensiones, especialmente con un ángel guardián que, según él, le transmitía dibujos de trazo sencillo acompañados con una frase breve de sucesos venideros. El artista hizo más de un millar de dibujos en un periodo que va de mediados de los años treinta a principios de los setenta.

Al argentino se le adjudica profetizar en 1937 la asunción de Fidel Castro en Cuba, ocurrida en 1959, cuando escribió: "Cabeza de barba, que parecerá santa, mas no será y encenderá las Antillas". Uno de sus enunciados cobró relevancia en 2001: "La libertad de Norteamérica perderá su luz. Su antorcha no brillará como ayer y el monumento será atacado dos veces", se le interpretó como metáfora del ataque de las Torres Gemelas de Nueva York. Pero un pronóstico de su autoría despierta ahora interés especial, aunque no fijó fecha alguna de realización. En 1937 lo registró en un par de líneas: "Hombres, meditad. El mar avanzará, inundará en diluvio, se derretirán los cascos polares. El eje de la tierra regresará y el ecuador será polos".

Parravicini avizoró un periodo de guerras a fines del siglo XX culminadas por una gran explosión que arrasaría con tres cuartas partes del planeta. Sin embargo, como los profetas cristianos antiguos, vislumbró una era de oro a partir del año 2002, que comprendería la llegada de un Gran Monarca y el aniquilamiento de la Bestia. Él visualizó al planeta en 2002 como un vergel paradisiaco: se cultivarían los territorios vírgenes sobrevivientes al cataclismo, Argentina sería "el granero del mundo", la humanidad comería pescado y pan encapsulados, la gula desaparecería por la elevada conciencia humana. Reinaría una hermandad, un solo idioma y un solo "Dios-Cristo".

Quiñones, en *Profecías de todos los tiempos*, citó parte del presagio que Parravicini hizo en 1972 sobre 2002: "Llega el tercer milenio. Con él, el renacer de la verdad. Acabado el ruido del acusador, la redención condenará a la Bestia que caerá [...] Estaremos en el año 2002".

La misma inquietud apocalíptica tuvo Jean Dixon (1918-1997), a quien Hogue llama "la primera dama de la predicción" en Estados Unidos. Ella rompió con la imagen austera y reservada tradicionalmente asignada a profetas místicos. Fue la celebridad psíquica del siglo xx. Durante 30 años se codeó con la clase del poder y la farándula, al tiempo que salía en revistas de tiraje popular y vestía a la moda. La periodista clarividente Ruth Mongomery, autora de *La bola de cristal, la fenomenal Jeane Dixon*, así describió la puntería de sus pronósticos en la introducción del libro publicado en 1965: "Por estos misteriosos dones, Jeane Dixon ha llegado a ser una institución tan importante como el Pentágono durante el último cuarto de siglo, época en que han sido publicadas sus predicciones". El asesinato de Mahatma Gandhi, el suicidio de Marilyn Monroe, y especialmente el asesinato de John F. Kennedy, se cuentan entre sus augurios acertados.

Sin embargo, a esta mujer religiosa y anticomunista también se le adjudican dos chascos: a fines de los sesenta presagió submarinos soviéticos surcando las costas de Bolivia, pues la Unión Soviética echaría a andar un plan de conquista mundial. Bolivia no tiene costas. La segunda fue vislumbrar que en 1990 el imperio soviético ya estaría en una fase de control internacional desmedida, y podría usar la bomba atómica para consumar sus planes. Como se sabe, la Unión de Repúblicas Socialistas Soviéticas se desintegró en 1991. El autor anónimo del libro *Profecías y adivinaciones* escribió una reflexión sobre las pifias de Dixon: "En la antigüedad, los videntes eran condenados a muerte por sus errores; los profetas de hoy en día nada más se arriesgan al ridículo. Por otro lado, y como muchos escépticos apuntan, el público tiende a recordar una predicción precisa y a olvidar miles de ellas que son imprecisas".

Dixon dejó para la posteridad una profecía apocalíptica. Dijo que el Anticristo nació en Medio Oriente el 5 de febrero de 1962 y, al igual que Jesucristo, posee inteligencia y dones sobresalientes. Como sucedió con éste, el niño Anticristo también sería llevado a Egipto para ser educado, y a partir de 1991 conformaría un grupo pequeño de seguidores para entrar en la vida pública. Se convertiría en un tirano con poder religioso, político y militar. Pero su reino caería antes del año 2000, como señal de la próxima venida del Mesías.

Curiosamente, la periodista Mongomery (1912-2001), que escribió el libro sobre la vida de Dixon, se hizo con el tiempo psíquica espiritista, es decir, según ella servía de canal de un grupo de espíritus que le revelaban mensajes y hechos premonitorios. De esta manera, en 1979 ella también advirtió del arribo del Anticristo, pero en este caso era de nacionalidad estadounidense. Aquí su augurio, citado por A. Galloti: "El que pretenderá ser Cristo ha nacido ya [en Estados Unidos]... Actualmente reside en un suburbio de Washington D. C. Ahora es un adorable colegial muy apreciado por sus compañeros y amigos. Sus padres son gente atractiva y bien educada. Su padre es abogado".

El vidente francés nacido en 1933, Mario Sabato, uno de los más conocidos en Europa, fue más allá y anunció el nacimiento del Mesías. Sabato, hondamente católico, adelantó que el Mesías nació en 1977 en un hogar humilde estadounidense, con una mezcla de sangre oriental y europea en las venas. A su entender, el niño tiene dones especiales apreciados por su círculo familiar y allegados. A. Galloti, en su libro *Profecías del fin del milenio: 1991-2000*, menciona que Sabato presagió que a la edad de 20 años el nuevo Mesías haría aparición en la escena pública: "En 1997 entrará triunfante en Nueva York, la nueva Jerusalén".

La cumbre de las profecías apocalípticas del siglo xx se le atribuye a un Pontífice, Juan XXIII. Él vaticinó el fin del mundo para el año 2033, así lo afirmó el periodista italiano Pier Carpi en su libro *Las profecías del Papa Juan XXIII*. Este Papa estuvo al frente del Vaticano de 1958 a 1963, y popularmente fue conocido como "El Papa bueno". Según el periodista, el Pontífice, cuyo nombre real fue Angelo Roncalli, le entregó una serie de escritos futuristas que escribió como miembro de una sociedad hermética. Los textos anticipaban, entre otros acontecimientos, la Segunda Guerra Mundial, el suicidio de Hitler y una mujer presidenta en Estados Unidos.

Con respecto a la Iglesia católica, Juan XXIII auguró que el Papa se convertirá en un peregrino desprovisto de riquezas. Sobre el día del Juicio Final avizoró el año 2033, motivo por el cual se hablará una sola lengua, no habrá Papa, ni padre, y la humanidad, toda, alabará la majestuosidad de la Virgen María. La fecha apocalíptica fue extraída del siguiente párrafo: "Será un juicio benévolo. Padre nuestro, que estás en los cielos, venga a nosotros tu reino. Hágase tu voluntad, así en la tierra como en el cielo. Veinte siglos más la edad del Salvador. Amén". Veinte siglos, más la edad en la que falleció Jesucristo, que fue la de 33 años, dan la suma del año 2033.

Psíquicos esotéricos y contactos extraterrestres

En la década de los sesenta, a la par de la religiosidad de clarividentes famosos, emergió una pléyade de videntes esotéricos y galácticos que alteró el escenario profético. El detonante fue la noticia del piloto Kenneth Arnold que en 1947 afirmó haber visto "platos volantes" en el cielo. La noticia suscitó el nacimiento del estudio de los ovnis, término aeronáutico que significa objeto volador no identificado (ovni) y se usa para denominar aquello que vuele y no sea pájaro, avión, helicóptero o globos. Coloquialmente, la palabra *ovni* se acuñó como sinónimo de nave espacial proveniente de la galaxia u otra dimensión. A partir del avistamiento del piloto, en los años cincuenta, surgieron testimonios de más avistamientos extraños y de personas que aseguraban tener un contacto individual y directo o telepático con seres de otros planetas. Se les llamó "contactados" o "contactos extraterrestres". La misma década brotaron diversas organizaciones civiles para estudiar el fenómeno, y la ciencia ficción lo puso de moda en diversidad de folletines, novelas, programas de radio, películas, cómics.

Al arrancar los años sesenta, caracterizados por la revolución política y cultural en Occidente, un ingrediente más aderezó al fenómeno ovni e hizo germinar una vertiente profética. Una de las fuentes que alimentó esa vertiente fue el libro *El retorno de los brujos*, de los escritores franceses Jacques Bergier y Louis Pauwels, con una tesis desafiante: civilizaciones ancestrales contactaron inteligencias de otros mundos, y dejaron registro de los hechos en mitos y tradiciones secretas. La obra presentaba información insólita sobre alquimia, culturas desaparecidas, esoterismo y parapsicología, con lo que impugnaban a la ciencia formal.

La otra fuente de la naciente vertiente profética fue un personaje maya: el Señor Pakal. El sacerdote maya labrado en una lápida gigante de piedra, descubierta en 1952 por el arqueólogo Alberto Ruz Lhuillier en una cámara subterránea del Templo de las Inscripciones, en Palenque, Chiapas, acentuó la idea del contacto entre viajeros del espacio y culturas antiguas. A mediados de los años sesenta otros franceses, André Millou y Guy Taradé, publicaron el artículo "El enigma de Palenque" en la revista *Clypeus* de Turín, en el que difundieron la tesis de que la lápida representaba un cosmonauta tripulando una nave. Un año después de la publicación del artículo, el suizo Erich von Däniken, en su libro *Recuerdos del futuro*, dio popularidad mundial al Señor Pakal, pues lo presentó como prueba indudable de la intervención de otras inteligencias en el pasado. Pakal, por cierto, es el principal personaje maya de 2012.

En los años setenta el tema y número de contactados se extendieron en el mundo. Algunos de ellos, como Paz y los Bongiovanni, citados previamente, lograron la atención de los medios de comunicación por pronosticar catástrofes fallidas. Otros, como la mexicana Cristina Leguízamo, ama de casa de un barrio marginado de la Ciudad de México, dijo sus augurios evadiendo los reflectores. Ella externó contactar con seres del Cinturón de Orión. Carlos Guzmán Rojas, en su libro *Testimonios ovni*, explica que en 1978 la señora predijo que el Valle de México vivirá un terremoto devastador que abrirá grietas de afluentes subterráneos conectados con el Océano Pacífico. En suma, sin especificar fecha, anticipó que el Valle de México volverá a ser un lago, así como lo fue antes de la Conquista.

A la par de la aparición de supuestos contactados, se fortaleció una corriente místico-esotérica que enarboló la idea del eterno retorno. Especialmente la amplió el filósofo y explorador peruano Daniel Ruzo (1900-1991), autor, entre otros libros, de *Marcahuasi. La historia fantástica de un descubrimiento* y *Los templos de piedra de una humanidad desaparecida*. Ruzo piensa que en la antigüedad existió una cultura llamada "Masma", extinguida por causa de un diluvio. Sin embargo, hubo sobrevivientes que transmitieron su experiencia de generación en generación en cuentos, leyendas y libros sagrados como la Biblia. Pero principalmente en pictogramas pintados en cavernas y en esculturas labradas en monolitos o peñascos de Perú, México y Brasil, entre otros países. El investigador considera que esta cultura es anterior a los sumerios, nació en Egipto, y debido a la catástrofe migró hacia América. No obstante Ruzo, en consonancia con Velikovsky, estimó que la humanidad olvidó la catástrofe vivida. Ruzo pronostica un diluvio similar para el año 2037.

Otro sudamericano, de igual manera, vislumbró una hecatombe, pero ésta ocasionada por la reversión de los polos. Se trata del vidente colombiano V. M. Rabolú (1926-2000). Parte de su historia, subida a su sitio de internet, habla de su origen humilde, de cómo se le inició a mediados de los años cincuenta en la Sierra Nevada de Santa Marta, Colombia, para canalizar mensajes de otro plano dimensional. Se le atribuyen dos predicciones. La primera: un asteroide de nombre Hercolobus, conocido como Planeta Rojo, cinco o seis veces más grande que Júpiter, se dirige a la Tierra y colisionará inevitablemente con ésta. La segunda: los experimentos atómicos realizados por potencias mundiales en el fondo del océano ya agrietaron las placas tectónicas e impactaron al eje terrestre, lo cual causará "maremotos, terremotos, cosas espantosas en el agua y en la tierra, y no quedará ciudad costera sin ser arrasada".

En los años ochenta, las distintas corrientes de pensamiento catastrofista, esotérico, místico y galáctico, impregnadas de la idea del eterno retorno, convergieron en un movimiento que después será conocido como *New Age*, o de la Nueva Era. En *El fin de los tiempos*, Eco explica el nacimiento de esta corriente por el ocaso de las ideologías: en 1989 cayó el Muro de Berlín, dos años después se desintegró la Unión de Repúblicas Socialistas Soviéticas. De esta manera, la Guerra Fría dejó de tener razón. El *New Age* rápidamente multiplicó seguidores pues, dice Eco: "acepta la verdad de cualquier posición sin necesidad de control racional ni de teología alguna. Se acepta todo, desde los platillos voladores hasta la macrobiótica, desde el budismo hasta la pranoterapia; basta con confeccionar el propio menú. Una religión *do-it-your-self*".

En la década de los ochenta proliferaron diversas publicaciones proféticas de pequeñas editoriales o producción rústica, con circulación modesta, que advertían de catástrofes inminentes. Algunas obras, como la ecuatoriana *Estos últimos tiempos*, de Rachel Adams, anunciaban el fin del mundo desde el enfoque cristiano. En otra rama editorial, hipotéticos contactados alertaban de cataclismos. *Proyecto: evacuación mundial por el Comando Ashtar*, firmado con el seudónimo *Tuella*, mezcla información cósmica salpicada de referencias bíblicas. Escrito a máquina mecánica, presenta a un grupo extraterrestre bajo las órdenes de Comando Ashtar, miembro de la Alianza de la Confederación Intergaláctica, y en contacto con 10 millones de seres humanos. Ashtar conduce una nave espacial en la que va Jesucristo. Se trata de la "Nave Estrella en la que nuestro Amado Señor y Gran Comandante Jesús-Sananda pasa la mayor parte de su tiempo".

En el manuscrito, Ashtar asienta las bases de una evacuación mundial porque considera próxima una inversión de los polos debido a tormentas solares o el choque de un asteroide. No obstante, el extraterrestre aclara: "Este libro no pretende asustar a nadie, sino por el contrario, tiene como intención establecer la esperanza y la confianza de nuestra presencia con ustedes, durante cualquier circunstancia difícil". El grupo Comando Ashtar sigue vigente, y se prepara a recibir a 2012.

De las filas del *New Age* dos profetas místicos abrazaron filosofías antiguas y llamaron inusitadamente la atención de Occidente. Uno de ellos fue el hindú Rajnessh Chandra Mohan (1931-1990), *Osho*. El controversial fundador del movimiento neo-sannyas caló en las clases medias y altas por su propuesta lúdica alimentada con filosofía oriental. Hogue cuenta que *Osho* estudió filosofía en la India, y llamó la atención de millares de occidentales cuando ahí estableció una pequeña comuna a mediados de los años setenta.

Osho se trasladó a Estados Unidos en la década de los años ochenta, donde creó otra comuna espiritual en Oregon, considerada la más grande y polémica de Estados Unidos. Según cuenta Hogue, intrigas dividieron al grupo y se acusó a algunos seguidores de varios delitos, entre ellos incendios, intervenciones telefónicas, envenenamiento e intento de asesinato. *Osho* fue expulsado de Estados Unidos en 1985. Posteriormente recorrió el mundo con un mensaje de advertencia sobre el inminente "suicidio global" provocado por gobiernos poderosos alentadores de guerras, pobreza, hambrunas y destrucción planetaria.

Osho, sin embargo, en 1986, arrancada la cascada de presagios frente al año 2000, auguró una edad de oro. En *Profecías para el nuevo milenio* se lee su pensamiento: "Sí, todas las predicciones antiguas de videntes como Nostradamus sobre que el mundo acabará hacia el segundo milenio o comienzos del tercero, son ciertas. Claro, en un sentido muy diferente al que ahora se había dado... La vieja humanidad dejará paso a un hombre nuevo con valores renovados: con una tierra no dividida en naciones, con una humanidad no dividida en religiones..."

El otro profeta del *New Age* que marcó al mundo místico esotérico es Argüelles, ya mencionado en diversas ocasiones. Con él aterrizaron los mayas galácticos en la escena profética. Su historia tampoco está libre de controversia.

II

APOCALIPSIS MAYA

Un día lluvioso de 1976, cuando José Argüelles tenía 37 años visitó la zona arqueológica de Palenque por vez primera. El hombre alto, de rasgos largos y aire desenfadado, primero ascendió a la cúspide del Templo de las Inscripciones, la pirámide funeraria del Señor Pakal. Ya en la cima, miró hacia atrás: un arcoíris brillante resplandecía. El viento comenzó a arreciar cuando descendió de la pirámide y se encaminó a la entrada de su cámara subterránea, lugar del sepulcro de Pakal. Peldaños abajo descubrió la lápida monumental del sarcófago sagrado, de 2.20 metros de ancho y 3.60 de largo, con siete toneladas de peso. Asombrado, contempló al personaje labrado en piedra. En ese momento "supo que estaba en presencia de un misterio genuino", detalla su biografía *2012: Biography of a Time Traveler*, escrita por Stephanie South. Con los años, Argüelles dijo recibir mensajes extraterrestres que le informaban que Pakal fue el viajero interplanetario con la misión de abrir el ciclo de preparación para los acontecimientos de 2012. Después él se asumió como el continuador predestinado de la misión de Pakal. De esta manera, en un ritual chamánico, se le invistió como Valum Votam: "el cerrador del ciclo".

Argüelles, como ningún otro profeta/vidente, fusionó una serie de elementos de naturaleza contrastante en sus presagios: religiones ancestrales afines al eterno retorno, el Apocalipsis bíblico, el Corán, el I Ching o las runas germánicas, entre otros, y las correlacionó con información matemática, física y astronómica. Su punto de partida, eso sí, fueron el sistema calendárico maya y los mensajes telepáticos que dijo haber recibido del cosmos. Como mencioné, él fue el primero en masificar la idea de que en 2012 finaliza una era. Lo dio a conocer en su libro *El factor maya*, publicado en 1987, traducido a una docena de idiomas y leído en 90 países. En la obra explicó cómo había mantenido comunicación telepática con extraterrestres de Sirio que habitaron la Península de Yucatán en la época prehispánica. Los identificó como "mayas galácticos" porque, según él, le dejaron en herencia a la humanidad un legado admirable e intrigante: su sabiduría astronómica y matemática con la que contabilizaron el tiempo y predijeron el futuro.

Los enigmas en torno a la cultura maya atrajeron a Argüelles. Es asombroso saber, por ejemplo, que si bien dicha civilización concibió a la Tierra plana y cuadrada y no conoció la rueda ni el uso del hierro y del bronce, inventó el "cero" y precisó con gran exactitud los ciclos de diversos astros. A la llegada de los españoles en el siglo XVI, la civilización maya contaba con tres siglos de existencia. En este tiempo, se había extendido en un territorio hoy mexicano que abarca los estados de Yucatán, Quintana Roo, Campeche, parte de Chiapas y Tabasco, así como en zonas de la actual Guatemala, Belice, El Salvador y Honduras.

El descubridor de la tumba de Pakal, ya mencionado, Alberto Ruz Lhuillier, en su libro *Los antiguos mayas*, escribió que aunque la religión, la agricultura, la organización social y la elaboración de utensilios domésticos y de armas fueron comunes entre los pueblos avanzados de la América prehispánica, el conocimiento astronómico y matemático maya fue superior. Ninguna otra cultura elaboró tablas tan precisas de los ciclos solares y lunares, los movimientos orbitales de Venus, las conjunciones de varios cuerpos celestes y la predicción de eclipses. El antropólogo destaca su registro de la duración del año trópico de acuerdo al ciclo solar: 365.2420 días, cálculo que resulta más cercano al científico (365.2422 días) en comparación con el gregoriano que usamos actualmente: 365.2425 días.

El mayólogo estima que el conocimiento de esta cultura sobre la bóveda celeste surgió al descubrir cómo el curso de ciertos astros se correspondía con sus fases agrícolas. De esta forma, la civilización hizo suya la idea de un acontecer cíclico. Es decir, del eterno retorno. Con base en este pensamiento confeccionó almanaques donde registró eclipses y conjunciones astronómicas con la correlación de fechas de ciertos eventos favorables o negativos. De este modo, el pueblo creía prevenir sucesos trascendentales.

Además de observar con precisión los ciclos lunares, solares y venusinos, los mayas también conocieron los ciclos del resto de los planetas del sistema solar, de las constelaciones Géminis y Pléyades y de ciertas estrellas como la Polar, según estima Ruz Lhuillier. Le parece admirable que esta cultura, a diferencia de la china, la griega, la egipcia y la mesopotámica, utilizó medios muy primitivos para sus observaciones, como un palo clavado en la tierra para seguir con su sombra el movimiento del sol.

Hay otras explicaciones de la fuente de sabiduría maya surgidas del mundo esotérico. Se dice que son descendientes del linaje de sobrevivientes de la Atlántida o que vienen de las estrellas. Como ya se refirió, esta segunda versión la circularon André Millou y Guy Taradé al escribir que Pakal conducía una nave espacial, y Erich von Däniken la hizo célebre en *Recuerdos del futuro*. Ruz Lhuillier, como la generalidad de sus colegas, la rechazó categóricamente. A propósito, von Däniken buscó a Ruz Lhuillier cuando fue director del Centro de Estudios Mayas de la Universidad Nacional Autónoma de México (UNAM), a fines de los sesenta. El antropólogo, tras escucharlo, lo expulsó de sus oficinas.[6]

Otra de las ideas más extendidas sobre los mayas antiguos es que los asentamientos humanos de esta cultura desaparecieron de un momento a otro, porque regresaron en grupo a su planeta o dimensión de origen. En Chichén Itzá, por ejemplo, las edificaciones imponentes de la ciudad fueron abandonadas hacia el año 1250 d.C. por razones que, aún hoy, no son claras. Ni la misma antropología tiene una explicación definitiva. Ruz Lhuillier citó en su libro varias hipótesis posibles sobre ese extraño abandono: terremotos, plagas, epidemias, catástrofes naturales, infertilidad del terreno, guerras internas, invasiones extranjeras. Pero no todos concuerdan con esas hipótesis. Argüelles piensa que los mayas se fueron porque son viajeros interplanetarios que volverán en 2012, cuando el ciclo del retorno se abra otra vez.

El profeta de 2012

Argüelles, mexicoamericano doctorado en historia del arte, autor de una decena de libros esotéricos, eligió Australia como el lugar alejado del ruido mundano en preparación de su misión:

recibir los eventos excepcionales que, según él, acaecerán en 2012. Nació en Minnesota en 1939, en un hogar conformado por una mujer de ascendencia alemana y un mexicano comunista. La pareja, poco después, se mudó a la capital mexicana, y su padre fue asistente del ex presidente Lázaro Cárdenas.

Sin asomo de duda, Argüelles creyó siempre que desde su nacimiento fue elegido para llevar el mensaje de los mayas cósmicos por el mundo. Las señales le parecieron evidentes. Primera: nació con un hermano gemelo, al igual que el mítico Quetzalcóatl y los protagonistas del *Popol Vuh*, Hunahpú e Ixbalanqué. Segunda: los primeros cinco años de su infancia creció en la calle Tula de la colonia Condesa de la capital mexicana, y Tula es el nombre tolteca de la ciudad emblemática de Quetzalcóatl. En el mundo mesoamericano, Quetzalcóatl, "serpiente emplumada", fue al mismo tiempo héroe fundador y civilizador, dios, figura relacionada con personajes históricos, príncipe, artista, protagonista de mitos de creación, símbolo de Venus. Popularmente se le identifica a su vez con Kukulcán, el principal dios maya. Después de vivir en la calle de Tula, la familia se mudó de nuevo a Minnesota.

La tercera señal, más bien la revelación de su vida, la recibió nueve años más tarde, al regresar a México con motivo de las vacaciones escolares. En la entrevista que me sirvió de base para escribir el reportaje "Adiós al materialismo", que publicó la revista *Gatopardo* (febrero de 2010), Argüelles dijo: "Cuando tenía 14 años y subí a la Pirámide del Sol en Teotihuacán, tuve clara mi misión de recuperar las enseñanzas cósmicas de los antiguos y darlas a conocer al hombre moderno".

Su vida en Minnesota fue difícil. No sólo por el racismo predominante en la región, sino porque sufrió el alcoholismo y la agresividad de su padre, hijo de emigrantes de Gijón, Asturias. Sin embargo, su panorama cambió radicalmente cuando inició sus estudios en historia del arte en la Universidad de Chicago, pues no sólo se independizó de su familia, sino que también formó parte de la generación rebelde de los años sesenta. Vivió su momento sin menoscabo. Se hizo un hippie apasionado del rock and roll, la contracultura, la defensa de los derechos civiles, el arte. Y, de igual modo, cayó en el alcoholismo y las drogas psicodélicas: LSD, hachís, anfetaminas, mariguana.

En su biografía *2012, Biography of a Time Traveler...*, él cuenta cómo durante su vida de excesos se sumó al interés en boga por culturas milenarias y el pensamiento esotérico y hermético ancestral. Lo mismo leía el Corán o la Biblia que libros taoístas, budistas, sufíes o hindúes. Aprendió a descifrar los hexagramas del I Ching, antiguo libro chino de adivinación, al igual que el arte alquímico arquitectónico de las catedrales góticas. Incursionó en disciplinas como la teosofía, el misticismo o el chamanismo nativo, y buscó la guía de gurúes de corte oriental. Practicaba yoga, meditaba, pero no rompía definitivamente ni con las sustancias psicotrópicas, ni con el alcohol. Solía plasmar su conocimiento en mandalas (diseños de geometría sagrada) porque veía al arte como un medio de trascendencia espiritual. Se casó tres veces, procreó una hija y un hijo.

Argüelles exploró con mayor detenimiento las culturas prehispánicas, especialmente la maya, e hizo varios viajes a centros arqueológicos de México. Cuenta que un día, a mediados de los años ochenta, mientras se encontraba meditando, los mayas galácticos arribaron a su cotidianidad: no se le presentaron físicamente, sino de forma mental. Dice que le canalizaron información para decodificar los calendarios mayas porque poseen medidas para calibrar rayos u ondas galácticos. Primero estudió la cuenta sagrada Tzolkin de 260 días, el calendario más antiguo en Mesoamérica, y le encontró una conexión matemática con el ADN. Su tesis la publicó en el libro *Earth Ascending*. Hunbatz Men, un chamán maya de Mérida, Yucatán, leyó la obra y lo buscó. El chamán era autor de un manuscrito titulado *Tzol' Ek (Astrología maya)*, y decía estudiar 17 distintos calendarios mayas, número mayor a la docena que reconoce la arqueología. Hubantz Men le expresó igualmente que nuestro sistema solar era el séptimo explorado por mayas galácticos.

El interés de Argüelles por las mediciones del tiempo maya aumentó. Conoció su sistema vigesimal (de 20 en 20), distinto al decimal de Occidente (de 10 en 10). Aprendió que su mes tiene 20 días, y sus ciclos son contados así:

Kin	1 día
Uinal (20 kines)	1 mes de 20 días
Tun (18 uinales)	1 año de 360 días
Katún (20 tunes)	7 200 días
Baktún (20 katunes)	144 000 días (394 años mayas)

Asimismo comprendió el uso de la Cuenta Larga, una secuencia de ciclos perpetuos, miles o millones de años hacia delante o hacia atrás de la historia. Es decir, así como la cuenta histórica cristiana parte del nacimiento de Jesucristo, con lo que se ubica un acontecimiento como a.C. (antes de Cristo) o d.C. (después de Cristo), y es posible contar millones de años al futuro o al pasado, ellos también tuvieron su punto de partida cero, que correspondería a un día de agosto del año 3113 a.C. de nuestro calendario (él dice que entre los días 6 y 13, otros dicen que el 11, 12 o 13 de agosto).

Argüelles encontró que la unidad clave de la cuenta maya era el baktún, equivalente a 394 años. Cada "Gran ciclo" o era maya estaría conformado por 13 baktunes, lo cual sumaría 5125 años. Ese "Gran ciclo", a su vez, era la quinta parte de un ciclo mayor de 25625 años (26000 tunes). De acuerdo con esa medición, el último "Gran ciclo" arrancó precisamente el año de la "cuenta cero" maya, un día de agosto del año 3113 a.C., y cierra 5125 años después, el 21 de diciembre de 2012. Es importante precisar que el primero que descifró esa cuenta fue el estadounidense Eric Thompson, célebre mayólogo. Sin embargo lo hizo con un sentido meramente temporal. Es decir, se terminaba un ciclo e iniciaba otro sin ningún significado extraordinario.

En cambio, según Argüelles, los mayas galácticos le dijeron que dicho "Gran ciclo" mide una especie de rayo u onda temporal con propiedades armónicas que parte del centro de la galaxia y atraviesa nuestro sistema solar. Y que el Tzolkin en realidad era un instrumento de rastreo informativo de ciclos de las manchas solares que comunica dos sistemas estelares entre sí. De ahí surgió su libro *El factor maya*.

La tesis del libro cimbró al círculo esotérico: los mayas cósmicos visitaron la Tierra en la época prehispánica, dejaron su conocimiento en un sistema de calendarios, y profetizaron un cambio de conciencia que provocará la caída del capitalismo en 2012. Argüelles narra que le dijeron que la fuente de información del Tzolkin son las estrellas Pléyades y Arcturus. Los mayas galácticos habrían partido de estos astros para arribar a la Tierra mucho antes de la llegada de los españoles a América y

Pakal habría sido el "agente galáctico" al frente de la misión. ¿Su propósito? Sincronizar al planeta y sistema solar con el núcleo de la galaxia durante el "Gran ciclo". Así se elevaría la conciencia humana.

La percepción de Argüelles es que el mundo está dominado por el sistema capitalista regido por el calendario gregoriano. Que el capitalismo se rige por una onda temporal de 12 meses y horas de 60 minutos con el fin único de producir dinero. La llamó frecuencia 12:60, y la resume en la frase "Tiempo es dinero". Sin embargo, dice que los mayas galácticos le anunciaron un cambio abrupto. En *El factor maya* Argüelles expuso su profecía: la onda armónica que va del año 3113 a.C. a 2012 d.C. subirá la frecuencia vibratoria planetaria y germinará una nueva sociedad. En su opinión, la influencia del rayo armónico será de tal impacto en la conciencia, que los sistemas políticos y económicos corrompidos del mundo caerán inevitablemente. Será el fin del materialismo. Hasta entonces la humanidad, liberada de los lastres, ingresará a la Federación Galáctica, una hermandad cósmica a la que pertenecen los mayas antiguos, con una evolución espiritual más desarrollada que la terrestre. Los cambios planetarios, a su vez, marcarán el retorno de Kukulcán/Quetzalcóatl/Pakal/Cristo para evitar el Armagedón. Y si aconteciera alguna catástrofe, los mayas galácticos rescatarán a los 144 000 elegidos citados en el Apocalipsis. Ésta, en suma, es la principal profecía de Argüelles.

El mexicoamericano hizo más predicciones en *El factor maya* de un periodo que comprende de 1992 a 2012, por cierto, no cumplidas. Presagió que en 1992, cinco años después de la publicación del libro, la humanidad iniciaría una transformación interna en preparación a los acontecimientos de 2012.

En 1992 arrancaría una nueva evolución electromagnética solar que produciría cambios rejuvenecedores a nivel celular y mental. Entraríamos a una era dorada y se facilitarían más contactos con seres extraterrestres y avistamientos de ovnis. Como consecuencia de esa influencia electromagnética, la economía sería gradualmente regulada para que la riqueza se distribuyera de forma más igualitaria entre ricos y pobres, mientras los gobernantes conformarían un consejo internacional educativo, de salud y readaptación de los delincuentes.

Los que él llama sanadores energéticos de los consejos de "Rehabilitación creativa" y "Salud global" curarían energéticamente a los delincuentes de delitos tales como robo, saqueo, violación u homicidio. Con estas acciones la sociedad trascendería actitudes violentas y las guerras dejarían de existir. Poco a poco el terreno se prepararía para la fase final: de 2007 a 2012, en el que las "cuadrillas de sincronización" energética entrarían en escena para sanar a enfermos hospitalizados y a delincuentes presos. Su trabajo homogeneizaría la frecuencia armónica de toda la humanidad.

Hasta entonces, en 2012, la Tierra estará lista para el regreso de Kukulcán. Es decir, Kukulcán/Quetzalcóatl/Pakal/Cristo, pues para Argüelles todos son un solo personaje. ¿Cristo? Sí. Recordemos que Argüelles leyó la Biblia. Él vio una vinculación entre las revelaciones cristianas y las mayas: Cristo fue el decimotercero en el grupo de los apóstoles, y el 13 es el número sagrado maya. Por otro lado, el mito bíblico del Armagedón habla de 144 000 elegidos, número de días que integra un baktún, y que a su entender tiene propiedades fractales. En caso de sobrevenir el Armagedón, según Argüelles, los mayas galácticos se llevarán a las 144 000 personas elegidas en sus naves espaciales. Las trasladarán a otro punto de la galaxia para continuar con su educación espiritual.

Argüelles reseñó en *El factor maya* el escenario del 21 de diciembre de 2012: "Entonces todo estará listo. El momento único, el momento de la sincronización planetaria total, 13.0.0.0.0 en el haz, habrá de llegar; la conclusión no sólo del Gran ciclo, sino del ínterin evolutivo llamado *Homo sapiens*. En medio de la preparación festiva y los imponentes signos galáctico-solares físicamente recibidos, la raza humana, en armonía con el reino animal y con otros más y ocupando el lugar que le corresponde en el vasto océano electromagnético, se unificará como un solo circuito. Las transmisiones de sonidos solares y galácticos inundarán el campo planetario. Por fin, la Tierra estará lista para emerger hacia la civilización planetaria".

El camino a 2012

Poco después del lanzamiento de *El factor maya*, Argüelles llamó la atención de los medios masivos de comunicación mediante una convocatoria a un evento que nombró Convergencia Armónica. Pretendió reunir a 144 000 personas, la cifra apocalíptica y maya clave, en distintos lugares sagrados del mundo para hacer una meditación global de paz, los días 16 y 17 de agosto de 1987. Participaron ecologistas, místicos, esotéricos, indigenistas, artistas independientes, chamanes, sanadores holísticos, curiosos. Argüelles tuvo proyección internacional, pues el evento se dio a conocer en influyentes medios de comunicación estadounidenses: *Wall Street Journal*, *New York Times*, *Los Angeles Times*, *USA Today*, CNN.

A partir de entonces encabezó un movimiento adversario a la frecuencia 12:60. En su lugar propuso la frecuencia 13:20, cuyos numerales se tomaron del Tzolkin (13 numerales y 20 glifos) que, a su entender, sincronizan los cuerpos mentales, emocionales y físicos de la humanidad al ubicarlos en el aquí y el ahora. A la frecuencia 13:20 se le conoce como movimiento del Calendario de las 13 Lunas, que dice buscar relaciones igualitarias, pacíficas y ecológicas a través de la meditación y telepatía. Su frase: "Tiempo es arte". El Calendario de las 13 Lunas encontró rápida acogida en el floreciente *New Age*, sobre todo en una vertiente esotérica y mística de carácter indigenista visibilizada a partir de 1992, año de la conmemoración de los 500 años de la conquista española de América.

Argüelles convirtió el Tzolkin en un oráculo moderno. Ruz Lhuillier escribió en *Los antiguos mayas* que el Tzolkin no surgió de ningún fenómeno astronómico ni biológico, sino que tuvo un significado mágico. Era una especie de zodiaco, con 20 glifos y 13 numerales, consultado por sacerdotes mayas para darle al recién nacido su primer nombre, "y pronosticaba su probable temperamento y su destino, tomando en cuenta los presagios supuestamente anunciados por el numeral y por el nombre del día".

Argüelles estilizó los 20 glifos y elaboró su versión zodiacal de acuerdo a la fecha de cada uno. Le otorgó a cada glifo particularidades y misiones específicas. También se interesó en el calendario solar *Haab* de 365 días, formado por 360 días más cinco días que se consideraban de mala suerte. Los mayas integraron el Tzolkin y el Haab en la Rueda Calendárica, que coincide en sus cuentas cada 52 años. Argüelles sumó la Rueda Calendárica a las herramientas didácticas de su movimiento.

Le añadió hexagramas del I Ching y runas germánicas y lo llamó "Sincronario". También creó otras herramientas en forma de tableros de juego, como *El encantamiento del sueño* y el *Telektonon*, este último con elementos de la Biblia y el Corán. Según él, las tres ayudan al consultante a fluir con la vibración planetaria del momento y a vivir el presente con conciencia.

Un año después de la Convergencia Armónica, Argüelles hizo viajes a México y contactó a pequeños grupos interesados en el Calendario de las 13 Lunas. Poco a poco su movimiento creció exponencialmente, razón por la cual él y Lloydine Burris, su tercera esposa, se mudaron a la capital mexicana en 1993. Sus seguidores se hicieron cargo de su estancia. La vida de Argüelles en México estuvo marcada por hechos asombrosos y polémicos: consiguió, por ejemplo, que el ex presidente Luis Echeverría financiara 10 000 ejemplares de los *Encantamientos del sueño* para ser repartidos gratuitamente.

Uno de los aspectos más enigmáticos, de acuerdo con su círculo cercano, es que predijo, con meses de anticipación, el asesinato de Luis Donaldo Colosio, candidato oficial a la sucesión presidencial. Colosio fue asesinado en un acto multitudinario el 23 de marzo de 1994. Poco después, Argüelles convocó a conferencia de prensa en la Quinta Colorada del Bosque de Chapultepec, en la capital mexicana, para señalar al entonces presidente Carlos Salinas de Gortari como responsable intelectual del homicidio. En la conferencia irrumpieron hombres que se presentaron como agentes de la Secretaría de Gobernación y obligaron al grupo a salir del salón. La declaración de Argüelles no se difundió en ningún medio de comunicación.

Cuando sucedió el incidente, Argüelles y su mujer residían en el departamento de la química María Esther Hernández y su

pequeña hija Oralia. Hernández, que era, además, la representante del movimiento en México, narró que días después de la
conferencia se presentaron hombres en su casa y le advirtieron:
"tienen una semana para irse". La mujer de ojos grandes renun-
ció a su trabajo en una empresa farmacéutica y vendió su departamento en la colonia Narvarte. Ella, su pequeña, Argüelles y
su mujer, se mudaron a Puerto Morelos, Chiapas. Por razones
de la huida, Hernández decidió llevarse el dinero de la tran-
sacción del departamento en una maleta de mano. Al llegar a
Puerto Morelos el grupo se hospedó en un hotel rústico en la
playa. Ahí le robaron la maleta a Hernández. Argüelles le dijo
que, de cualquier forma, ese dinero perdería valor muy pronto por una sencilla razón: un aerolito chocaría contra Júpiter y
la onda vibratoria llegaría a la Tierra entre el 18 y el 23 de julio
de 1994, lo que provocaría el fin de los tiempos. Si sobrevivían,
el dinero ya no tendría uso alguno.

Hernández, en una entrevista posterior a la publicación del
reportaje citado (realizada en 2011 y hasta ahora inédita), me
detalló cómo fueron los momentos previos al cataclismo que él
había vaticinado. Ella, su niña, Argüelles y su mujer, se encami-
naron a la playa para presenciar la hecatombe anunciada. Todos,
en actitud grave, se sentaron en la arena, con la vista hacia el
horizonte marino. Argüelles, como acostumbraba en ocasiones,
comenzó a tocar la flauta en actitud meditabunda. Las mujeres
guardaron silencio. El romper de las olas se escuchaba de fondo. Pasaron los minutos. Las horas. El sonido de la flauta pro-
siguió. Ninguna catástrofe asomaba. Nadie se atrevía a hablar.
En algún momento, la flauta se silenció. Argüelles se puso de
pie con parsimonia: "M. E.", pronunció en inglés las iniciales
del nombre de "María Esther", al tiempo que movía levemente

la cabeza a manera de despedida. "O", hizo lo mismo al dirigirse a la pequeña Oralia. Sin dar explicación alguna, Argüelles caminó con lentitud a su alojamiento y se encerró. No hubo cataclismo.

Diecisiete años después, casi al final de nuestra conversación, le pregunté a María Esther Hernández qué fue lo primero que pasó por su cabeza al constatar que la catástrofe no sucedió. Sus ojos grandes no parpadearon y se llevó la mano a la frente:

—¡Qué pendeja![7]

El fin de los tiempos tampoco aconteció esa vez. Argüelles nunca abordó el asunto. Mientras tanto, el movimiento en México siguió creciendo y se extendió a Sudamérica. En su apoyo, el dinero de varios seguidores pudientes fluyó generoso. No obstante, recuerda Hernández, en vez de destinarse para consolidar el movimiento, se dilapidó en frivolidades. Entre los integrantes, además, se desató una lucha de egos y perdición. Algunos robaron dinero, otros lucraron o lo destinaron para adquirir drogas. "Muchos se enriquecieron, muchos cayeron en las drogas." Hernández, que fue la representante de Argüelles en México durante nueve años, me dijo en la entrevista para *Gatopardo* que él "traicionó los principios del movimiento" y destinó parte del dinero al consumo de cocaína. La acusación la rechazó posteriormente Argüelles cuando le pregunté al respecto: "¡Nunca usé cocaína en mi vida!" Dijo que sólo consumió psicotrópicos en la década de los sesenta. Hernández se sostiene en su dicho. Rompió con él en 2000.

Hernández también le cuestionó a Argüelles haber afirmado que a los 66 años terminaba su misión profética y se retiraba de la escena: "El mensaje para él fue muy claro: que a los 66 años tenía que parar, pero continuó". En 2001 un consejo de ancianos chamanes lo nombró Valum Votam, "el cerrador del ciclo". De este modo, durante una ceremonia ritual en Teotihuacán, se le designó como el continuador de Quetzalcóatl/Kukulcán/Pakal. Aunque Argüelles nunca lo dijo explícitamente, con este ritual se refrendaba su sentimiento de predestinación, el haberse sentido desde la infancia ligado a las figuras de Quetzalcóatl/Kukulcán/Pakal.

En el año 2000, precisamente, los seguidores de Argüelles en Estados Unidos crearon la Fundación para la Ley de Tiempo, con sede en Oregon, para promover la frecuencia 13:20. Mientras tanto, el movimiento en México minó su presencia y se atomizó. Sin embargo, actualmente el Calendario de las 13 Lunas tiene presencia en 90 países. Algunos de estos grupos están vinculados a la Fundación, otros son independientes, e incluso ni siquiera saben quién es Argüelles pero utilizan sus herramientas porque las consideran efectivas. Hernández, como en otros casos, si bien tomó distancia de él, estima genuina y poderosa la información maya decodificada por Argüelles y la usa en su propia cuenta regresiva a 2012.

Argüelles vivió un tiempo en Chile. Luego en Nueva Zelanda. Después en Australia con South, su pareja y biógrafa, donde llevó una vida de meditación y vegetarianismo como preparación al cierre del "Gran ciclo". Escribió una saga titulada *Crónicas de la historia cósmica. El libro de la trascendencia*, donde explica su pensamiento de corte artístico-científico-espiritual. En la entrevista que sostuvimos en el *lobby* de un hotel de Hollywood para *Gatopardo* en julio de 2009, con motivo de su visita a la ciudad de Los Ángeles por razones editoriales de su obra, se explayó en algunas de estas cuestiones. Habló, por ejemplo, de lo que en últimas fechas llamó "2012: Apocalipsis maya". Para él significa: "el comienzo de la caída de los valores que llamo 12:60, la caída del tiempo mecánico, del 'tiempo es dinero', de valores democráticos falsos. Eso quiere decir Apocalipsis maya, porque comenzó en el año 1987 y termina su caída en 2012". En su opinión, la aceleración de esa caída inició con la crisis del sistema financiero internacional en 2008, crisis de la cual "este mundo no se recuperará, porque es el mundo falso, el de los valores de plata, no es humano, es como satánico".[8]

Argüelles dice que el alma humana ha estado en la oscuridad durante mucho tiempo, pero que sus profecías pendientes, que anuncian una era dorada, se cumplirán cuando termine el proceso de limpieza en 2012. Entonces "el hombre pasará a ser súper hombre". El proceso, dice, no estará exento de calamidades, pues conforme se acerque la fecha en cuestión habrá más guerras y catástrofes naturales. Ignora si acontecerá una hecatombe específica, pero no descarta una explosión solar que afecte el campo electromagnético del planeta y nos deje dos o tres meses sin electricidad: "Cualquier cosa es posible, pero yo siempre digo que donde tengas tu mente es lo que vas a atraer. También que cada pensamiento que tengamos tiene una carga electromagnética. Y si ponemos cargas positivas podemos cambiar los eventos. En la Convergencia Armónica pedí hacer una sincronización con meditación y oración. Así se liberó mucha energía física. Ahora convoco a una Convergencia Armónica en 2012, y mientras grupos más grandes pongan vibraciones positivas en el ambiente, podemos crear milagros". Así, dice, se lo han dicho los mayas galácticos.

–¿Quiénes son los mayas galácticos? –le pregunté.

–Hay una federación galáctica de las galaxias parecida a la serie *Viaje a las estrellas*, y su misión es adelantar la paz en los sistemas estelares en donde hay inteligencia. Ellos pertenecen a la cuarta y quinta dimensión, no son físicos como pensamos, y sus contactos son telepáticos.

–¿Los ha visto?

–No es necesario, mi método es que despierto muy temprano, entre las dos y media y tres de la mañana. Muchas veces en el sueño me despiertan. Leo y hago meditaciones para clarificar mi mente, y de vez en cuando me viene información, pero es matemática.

–En su documento *Los 260 postulados y la evolución del tiempo como conciencia* habla de la posibilidad de teletransportarse de cuerpo entero o de estar en dos lugares al mismo tiempo como prerrequisito para establecer "armónicas celestes interplanetarias para 2013". ¿Ya lo logró?

–No en este momento como lo describo en los postulados, pero telepáticamente puedo viajar mucho.

–¿Qué opina de lo que dicen antropólogos y arqueólogos, que éstas son charlatanerías?

–Todo mundo puede creer lo que quiera, no me importa. Es su creencia y no tienen más autoridad que la mía. Pienso que no tienen mucho sentido del humor.

Argüelles convocó a su Convergencia Armónica 2012 a través de su fundación. Su sitio de internet llama a personas de todo el mundo para que el 21 de diciembre de 2012 se contacten mentalmente y sintonicen con el citado haz de sincronización galáctica. Lo que se espera es que la culminación vibratoria del proceso galáctico cierre el 25 de julio de 2013, el *Día fuera del tiempo*, considerado el más importante del Calendario de las 13 Lunas porque lo dedican al perdón y al arte. En el portal, Argüelles también invita a la creación de comunidades ecológicas que vivan la frecuencia 13:20 y practiquen la telepatía entre sí, pues serán las precursoras de la sociedad del futuro. En la entrevista dijo que actualmente hay proyectos para erigir ese tipo de comunidades en México, Sudamérica, Asia Central y África.

—¿Dónde estará el 21 de diciembre de 2012? —inquirí en la charla.

—No lo puedo decir exactamente, pero la información que tengo es que necesitamos conectarnos y crear comunidad con el campo magnético del polo sur.

Los planes del profeta del 2012, no obstante, cambiaron de forma súbita e irreversible. Argüelles falleció el 23 de marzo de 2011 en Oregon, a la edad de 72 años. Como si se tratara de un presagio extraño, su muerte acaeció el mismo día de la conmemoración del asesinato de Colosio. South, una treintañera de talla delgada y cabellera rubia y lacia, notificó la muerte de Argüelles debida a una "corta enfermedad", a través de un mensaje distribuido en internet, que circuló en varios blogs. En el texto, ella conectó la partida de Argüelles con el hecho de que en enero de 2011 un equipo de arqueólogos colocó la lápida de Pakal en su sitio original, después de haber estado abierta desde su descubrimiento en 1952, para así sellar definitivamente la tumba del sacerdote maya. Fue para South una "señal clara" de la liga de Argüelles con Pakal.

South escribió por internet: "Todo es ahora responsabilidad de las personas que han escuchado el mensaje. Hay mucho trabajo por hacer. Él dijo que les comentara a todos los kines (seguidores de la frecuencia 13:20): '¡TODO ES PERFECTO! ¡AMA A TODO EL MUNDO! No odies a nadie. Dios bendiga a todos'. Él estará ahora ayudando en el cierre del ciclo desde el otro lado del velo".

South firma el texto como "La reina roja", el nombre de la noble maya cuya tumba-sarcófago se descubrió en 1994 en otra cámara subterránea de Palenque, igual que la de Pakal. Son las dos únicas tumbas de su tipo descubiertas en Mesoamérica.

Argüelles murió 21 meses antes de la fecha del cumplimiento de su profecía. Sin embargo, tras de sí quedó un caudal de presagios mayas en torno a 2012. Una diversidad de personajes los vaticinan: algunos se asumen como estudiosos mayas, otros, como psíquicos, y otros más, como contactos extraterrestres. Un sobrevuelo permitirá conocer los distintos escenarios anunciados para la fecha.

Las profecías mayas

Ocho años después de publicado *El factor maya*, en 1995, se publicó otro libro: *Las profecías mayas*, de los ingleses Maurice M. Cotterell y Adrian G. Gilbert, considerado el gran éxito editorial sobre el tema. No tiene nexos aparentes con la tesis de Argüelles. Incluso, Gilbert se mofa en la obra de la idea sobre el origen extraterrestre de los mayas. En *Las profecías mayas* se desarrolla la decodificación que Cotterell hizo de los glifos de la lápida de Pakal, el sistema calendárico maya y el Códice de Dresde, cruzados con información matemática, astronómica y astrológica. El planteamiento es de comprensión complicada. En una primera parte del libro, Gilbert narra el proceso de investigación de Cotterell y lo contextualiza con el mito de la Atlántida, el *Popol Vuh*, la tesis de Velikovsky sobre reversiones polares en la antigüedad, e información arqueológica y antropológica. La segunda parte contiene especificaciones técnicas de Cotterell.

Cotterell es ingeniero en comunicaciones y en electrónica. Se enteró del trabajo de Argüelles a mediados de los años ochenta pero no le dio importancia porque, según un mensaje que me escribió a través de internet: "no tenía bases científicas y, por lo tanto, no me era útil".[9] Dice que en 1989, cuando trabajaba en la Universidad de Cranfield, descubrió cómo calcular la duración de los ciclos magnéticos del Sol. Su teoría parte de tres ciclos magnéticos solares: el primero es visible a través de las manchas del astro y dura aproximadamente 11.49 años, el segundo es de 187 años y el tercero de 18 139 años.

Según su estudio, el ecuador magnético solar cambia de posición cinco veces durante el ciclo de 18 139 años. Tres de esos cambios ocurren en periodos de 1 366 040 días (3 740 años). Este número, dice, era conocido por los mayas, pues monitorearon los cambios magnéticos del Sol a través de sus registros del movimiento orbital de Venus alrededor del astro. Los mayas llegaron a esa cifra al multiplicar el número de días terrestres que Venus gira sobre su propio eje (2 340), y el número de días que hace su ciclo sinódico (584 días): 2 340 × 584 = 1 366 560 días. Dedujeron entonces que el "renacimiento de Venus" ocurría cada 1 366 560 días, y registraron la conversión de tal cifra en años (3 740) en el Códice de Dresde.

Los mayas, prosigue Cotterell, a su vez comprendieron que el campo magnético del Sol se acopla magnéticamente al de la Tierra, y que cuando la posición magnética ecuatorial solar cambia de dirección, puede, en ocasiones, inclinar al planeta fuera de su eje. El arranque del calendario maya el año 3113 a.C. tiene para el autor, en ese sentido, un significado solar: fue la última ocasión que el campo magnético ecuatorial solar cambió de dirección, ocasionando la reversión de los polos de Venus. A la Tierra, más alejada del Sol, nada le sucedió esa vez. Pero los mayas esperaban que 1 366 560 días después de ese punto de partida, alrededor del año 628 d.C., ocurriera un evento extraordinario que los afectara directamente, como de hecho sucedió: causó su extinción.

Una de las consecuencias de ese cambio magnético solar, continúa Cotterell, afectó la fertilidad femenina. Los mayas descubrieron que el periodo de 28 días del giro solar regula la producción de estrógeno y progesterona en las mujeres, es decir, el ciclo menstrual femenino. A su entender, si no hay actividad solar que genere manchas solares con determinada modulación magnética, se afecta el biorritmo y la fertilidad del cuerpo. Él se basa en una tesis de su autoría que vincula la astrología con el comportamiento solar. En *Las profecías mayas* la llama *astrogenética*, y según ésta, un óvulo humano recién fertilizado "queda marcado en el momento de la concepción con el patrón de la atmósfera magnética prevaleciente". Por consiguiente, los mayas supieron que una actividad mínima de las manchas solares coincidiría con el cambio ecuatorial del Sol el año 628 d.C., lo que reduciría la fecundidad femenina y provocaría abortos espontáneos. Del mismo modo se alteraría el ecosistema: la temperatura terrestre descendería, habría menos precipitaciones pluviales, más sequías, hambruna.

En suma, escribió Cotterell en su mensaje de internet, "los mayas profetizaron que su propia civilización prácticamente sería borrada 1 366 560 días después del 'nacimiento de Venus' del año 3113 a.C. y su declinación comenzó después del año 627 d.C." Ruz Lhuillier fija el inicio de la debacle maya alrededor del año 800 d.C. Cotterell piensa que toda esta información está cifrada en el relieve de Pakal. No afirmó en *Las profecías mayas* que dicha cultura advirtiera de la repetición del mencionado fenómeno solar en 2012. Sólo dejó abierta una interrogante, de manera vaga, sobre si el cierre del ciclo mayor maya de 25 657 años que termina en 2012 encerraba un mensaje de un cambio polar terrestre.

Gilbert, en cambio, escribió en el libro, en un párrafo final, también con cierta ambigüedad: "A partir de sus estudios de la actividad de las manchas solares y el calendario maya, Cotterell ha concluido que la profecía maya del fin de la quinta era se refiere a una inversión del campo magnético de la Tierra. Esto y su cataclismo asociado, cree él, ocurrirán alrededor del año 2012 d.C." Con la "quinta era" Gilbert aludía al relato del *Popol Vuh*, considerado la Biblia quechua por su recopilación de leyendas. El *Popol Vuh* relata la creación y destrucción del mundo en cuatro eras y cuenta que los dioses mayas crearon diversos tipos de seres humanos: primero de barro, luego de madera, después de carne y hueso. Como no les rendían culto, los dioses los destruyeron. Ahora se viviría en la quinta era.

A partir del *Popol Vuh*, Gilbert desarrolló la idea de que los mayas antiguos no fueron extraterrestres sino sobrevivientes de la Atlántida. Fundió al *Popol Vuh*, a Platón, a Cayce y a Velikovsky, y así postuló que la Atlántida existió al noroeste de las Bahamas, en el Golfo de México, y desapareció por un diluvio en el año 10500 a.C. Ésa sería la primera destrucción. Una parte de los sobrevivientes llegó a Yucatán, la otra, a Egipto. En Yucatán los sobrevivientes desarrollaron la época de oro maya. Luego padecieron la segunda destrucción, debido a huracanes, lo que les hizo emigrar hacia Chiapas y Tabasco. La tercera destrucción fue por fuego, desastre que los llevó a Tula, Hidalgo. La cuarta era terminó por sequías y el descenso de la fertilidad maya. Todas las catástrofes se debieron a la actividad de las manchas solares, de ahí el culto al sol por parte de los mayas.

La quinta era, deslizó Gilbert, podría cumplirse con un cambio polar en 2012.

Las profecías mayas fue un trancazo editorial. Cotterell estima que la primera edición vendió alrededor de dos millones de ejemplares en el mundo y que el libro se tradujo a más de 25 idiomas. A pesar del éxito de la obra, 16 años después de su lanzamiento, ambos autores, en entrevista vía internet por separado, descalifican la veracidad del trabajo del otro. En su mensaje, Gilbert dice que muchas de las ideas de Cotterell sobre la lápida de Pakal "son completamente descabelladas".[10] Cotterell, por su parte, escribió que se retracta de la información que no fue de su autoría y reprocha a los editores de la obra (Element Book Ltd) el falsear información. Dice que con fines mercantilistas la editorial afirmó "que el calendario maya termina en 2012". No obstante, "yo no encontré evidencia científica que apoyara esa afirmación. Desde el arranque del ciclo el 11 de agosto del año 3113 a.C. los mayas usaron varios periodos de días con los cuales medir el tiempo. Sin embargo, sólo cuatro de los periodos culminan en cero en 2012". En su mensaje electrónico ejemplificó:

Periodo	Duración en días	Culmina el año 2012
Kinchilitún	1 152 000 000	NO
Calabtún	57 600 000	NO
Pictún	2 880 000	NO
Baktún*	144 000	NO
Katún	7 200	SÍ
Tun	360	SÍ
Uinal	20	SÍ

*Cotterell dice que de una cuenta de 20 baktunes, sólo el número 13 culmina en 2012, pero no la totalidad de los 20 que conforma un pictún.

En definitiva, Cotterell rechaza que en 2012 ocurra una catástrofe por eventos solares o galácticos. Dice que recientemente publicó un libro titulado *Future Science (Ciencia futura)*, que explica cómo trabaja la gravedad, el magnetismo y la electricidad. También escribió sobre los procesos termorreguladores del planeta, y examinó de manera "más comprensiva" las transformaciones de la cultura maya pero sin una visión catastrofista. Le pregunté qué pensaba sobre la tesis de Argüelles del haz de luz que, según él, elevará espiritualmente a la humanidad. "Nadie –respondió– ha anticipado un mecanismo que científicamente muestre que la actividad de un rayo galáctico pueda afectar la conciencia humana en una forma absoluta y definitiva."

Gilbert, por su parte, externa que él participó en la Convergencia Armónica de 1987 convocada por Argüelles. Y, si bien lo ve más como un artista que como un científico y no comulga con todo su pensamiento, sí acepta su idea de que en 2012 iniciará un despertar humano porque "es parte de un plan divino". Cuando Gilbert entró al tema maya, publicó el libro *El misterio de Orión*, enfocado en enigmas de la cultura egipcia. No tiene formación académica y ha publicado media docena de libros esotéricos. Ahora sacó *Armagedón 2012: las profecías mayas del fin del mundo*. En su obra él hace precisiones sobre "errores" publicados en *Las profecías mayas* de información arqueológica y del sistema calendárico maya.

Gilbert me escribió que en 2012 puede ocurrir una reversión magnética en el planeta por la actividad solar con consecuencias profundas para la humanidad. Será el fin de los tiempos: algunas almas elevadas dejarán la Tierra y trascenderán a otros puntos del universo. Las menos evolucionadas irán a una dimensión conocida por los cristianos como infierno. Precisó en su mensaje: "Esas conciencias descubrirán que quedaron atrapadas en cuerpos menos desarrollados que los de la forma humana. Ésa será la naturaleza de su gran castigo".

Cotterell hizo, por su cuenta, una reflexión final en su texto enviado: "No tengo evidencia científica que apoye la afirmación de que un evento catastrófico ocurrirá en 2012 y no hay forma de confirmar tal creencia. No puede sostenerse. Acepto que éste es un fenómeno que ganó ímpetu desde la publicación de *Las profecías mayas* en 1995. Eso ha minado y eclipsa la importancia científica y el conocimiento espiritual dejado por el Señor Pakal". *Las profecías mayas*, por cierto, acaba de ser reimpreso con autorización de ambos coautores.

Las siete profecías mayas

Fernando Malkún, empresario y productor de televisión de origen colombiano, leyó la obra de Argüelles y la de Cotterell y Gilbert, e hizo su propia interpretación de 2012. En el año 2000, siete años después de la traducción al español de *El factor maya*, y cuatro años más tarde de la traducción al español de *Las profecías mayas*, sacó al mercado *Los dueños del tiempo. Las siete profecías mayas*. Se trata de un paquete de siete videos en los que expone, de manera llana y sin atribuir fuentes, siete presagios con ideas de Argüelles e información de otra índole: maya general, bíblico apocalíptica, esotérica, cambio climático, caos mundial.

Malkún sale a cuadro en algunos fragmentos de sus videos para explicar sus argumentos; en otros proyecta animaciones didácticas o imágenes de convulsión social, guerras, violencia, hambruna, desastres naturales, psicodelia de tipo *New Age*. Sus videos se convirtieron en un golpe publicitario de 2012: en la cadena televisiva de cable Infinitum se repitieron en 26 ocasiones. Con esas transmisiones los habrán visto alrededor de 300 millones de telespectadores en el mundo, según estimó Malkún cuando lo entrevisté en un restaurante del aeropuerto de la capital mexicana. Su interpretación, de hecho, es la más popular del año maya.

Malkún, arquitecto de profesión, llevó una vida desordenada que le provocó un descalabro sentimental. Su crisis lo encaminó a la Universidad del Amor en Bogotá, en donde se forjó como místico durante siete años. El hombre de cráneo rasurado y brillante, actitud segura y vestimenta casual, de marca, se define como "un explorador de la conciencia desde el punto de vista científico". Como discípulo de la Universidad del Amor aprendió que "el universo tiene reglas de juego y quienes no las conocen tienen problemas en la vida: no tienen salud, son pobres, tienen soledad", dice. "Nosotros creamos nuestra realidad todos los días, creamos oro o plomo, y la mayoría de la gente crea plomo, porque no sabe cómo crear el oro."[11] Malkún aprendió a crear oro.

Piensa que sus "maestros ascendidos" de otras dimensiones lo guiaron a los mayas, pues por diversas circunstancias de sincronía llegaron a sus manos algunos libros sobre el tema y en 1999 acudió a un encuentro de chamanes e investigadores esotéricos en Chichén Itzá. El año 2000 asomaba y en el ambiente circulaban presagios del fin de los tiempos y del sistema calendárico maya. Entonces, se adentró en el conocimiento de esta civilización, recorrió la ruta maya y quedó subyugado. Decidió producir los videos para la televisión colombiana. Cuenta que puso en práctica sus herramientas como productor de comerciales para crear un "concepto atractivo que validara información maya". Para lograr el impacto deseado, resumió la información que tenía a su alcance en siete profecías. Eligió el número siete porque le pareció perfecto, representaba la transformación y el orden universal: "hay siete notas musicales, siete días semana, siete chakras, siete metales". Así nacieron las "siete profecías mayas" de Malkún.

En sus videos el colombiano aborda el planteamiento central de Argüelles de que el haz de sincronización galáctico que ocurre cada 5 125 años le dará al planeta una oportunidad única de cambio. Sin embargo, argumenta una conjunción astronómica, con lo que pasó el día de la fecha en cuestión del 21 al 22 de diciembre. De hecho, una u otra fecha se utilizan en el círculo esotérico, todo depende si hay referencia al cierre de una era (21 de diciembre), o la apertura de una nueva (22 de diciembre). También recurrió a la interpretación de Argüelles sobre el Tzolkin y la Rueda Calendárica pero hizo matices de forma y fondo. Sus siete profecías son:

Primera profecía
El 22 de diciembre de 2012 la humanidad se enfrentará a una decisión que marcará su destino: o desaparece como especie o evoluciona. Ese día, un rayo partirá del centro de la galaxia, cambiará la polaridad norte-sur de la Tierra, y subirá la frecuencia humana alejándola del miedo en que vive. Para lograr esto, los humanos tienen un periodo de 1993 a 2012 para analizar sus comportamientos negativos y cambiarlos.

Segunda profecía
El eclipse de sol del 11 de agosto de 1999 impactará la conducta humana. Presagia una era de oscuridad, violencia y guerras.

Pero la energía del centro de la galaxia ayudará al ser humano a enfrentar sus actitudes de odio y agresión; así podrá juzgarse a sí mismo y trascender.

Tercera profecía
La devastación del planeta y la actividad solar provocarán el aumento de la temperatura terrestre.

Cuarta profecía
Aumentará más la actividad solar, lo que subirá el calor terrestre y los polos norte y sur se derretirán.

Quinta profecía
Los "sistemas basados en el miedo" se vendrán abajo, y renacerá una era de religiones y cultos que lleven al mundo paz y armonía.

Sexta profecía
En la recta final al año 2012, un cometa aparecerá en el cielo y pondrá en riesgo a la Tierra. El cometa está mencionado en el Apocalipsis de la Biblia. El peligro de que impacte a la Tierra obligará a los gobiernos a conformar un frente común de solidaridad en la Organización de las Naciones Unidas (ONU).

Séptima profecía
La luz que parte del centro de la galaxia transformará a toda la humanidad durante el periodo de 1999 a 2012. Se activará el "código genético de origen divino" de cada ser humano. La telepatía se agudizará. A partir del 22 de diciembre de 2012 las relaciones humanas serán transparentes y pacíficas. Desapare-

cerán las leyes, la pobreza y los ejércitos. Se creará un gobierno mundial único y las fronteras entre países desaparecerán.

Sorprendentemente, en la víspera de 2012, Malkún cambió diametralmente su opinión acerca de la trascendencia galáctica de 2012. Ahora dice que nada pasará el 21 y 22 de diciembre de 2012: "Sería bobo decir que me toca esperar la llegada del 21 de diciembre de 2012 para ver qué sucede". Once años después del lanzamiento de sus videos, piensa que esa fecha no tiene un significado especial. Sólo representa el equinoccio de invierno de 2012 y la conmemoración de la destrucción de la Atlántida hace 13 000 años. Cree que, por el contrario, sus vaticinios sobre la caída de gobiernos, convulsión social y destrucción medioambiental están a la vista desde la última década. De los no cumplidos, como el de la desaparición de los ejércitos, la pobreza y las fronteras entre países, alargó 20 años más el tiempo de su concreción.

A su vez, se desdice de la tesis del haz de luz del centro de la galaxia mencionado en sus profecías primera y séptima: "Ésa es historia de otras personas", hace referencia a Argüelles. Malkún cree que hay una pulsación de luz en el corazón de la galaxia pero que tiene impacto en la Tierra cada 26 000 años. Que quizá en 2012 esa pulsación sea más intensa, pero sin consecuencias relevantes. En otras palabras, pinta su raya con respecto al haz de luz de Argüelles porque esa tesis "es muy arriesgada".

Las siete profecías mayas sirvieron a Malkún como plataforma para erigir una empresa en la que él, personalmente, imparte talleres, conferencias, organiza viajes a Yucatán y Egipto, produce publicaciones y más videos. En su portal de internet destaca que el viaje a Egipto se realiza en "el crucero más lujoso y elegante que hay: *Sun Boat III*". Ante posibles críticas contra su presunta frivolidad y su enriquecimiento a costa del mundo espiritual, precisa: "Yo no estoy buscando dinero en este camino". Estima haberle cambiado la vida a unos 9 000 asistentes en sus talleres de evolución de la conciencia. En este momento prepara otros videos mayas. A propósito, el paquete de sus siete profecías no está anunciado en su sitio de internet.

Pueblos proféticos

Los planteamientos de Argüelles, Cotterell, Gilbert y Malkún son las principales fuentes de las que brotaron subsecuentes variaciones proféticas en torno a 2012. Desde fines de los años noventa más estudiosos místico-esotéricos, principalmente estadounidenses, buscaron otras fuentes mayas de las que salió un abanico de libros, con variadas hipótesis, algunas contrapuestas. Una vertiente retomó ideas generales de Argüelles y predice una próxima trascendencia cósmica. En esa línea está John Major Jenkins, autor de *Maya Cosmogenesis 2012*. A partir de su lectura del Tzolkin y de estelas de Izapa, ciudad maya chiapaneca colindante con Guatemala, postula que desde 1980 la Tierra entró en una "zona de alineamiento" con el centro de la galaxia, que estará en su punto de conexión más alto el 21 de diciembre de 2012 y saldrá de éste en 2016. Otro investigador afín a dicha línea es Carl Johan Calleman, autor de *The Mayan Calendar and the Transformation of Conciousness*. Sus fuentes son el sistema de calendarios y la cosmovisión maya de nueve submundos. Calleman es el único que cambia el día y el año del despertar de la conciencia: a partir del 28 de octubre de 2011 toda la humanidad estará iluminada.

La tesis de Argüelles, como mencioné, fue abrazada o reinterpretada por movimientos indigenistas que ganaron presencia a partir de la conmemoración de la conquista española de América en 1992. En general, varios de estos grupos, como el del Quinto Sol en México, reivindican la sabiduría prehispánica –especialmente maya, azteca, inca o nativa norteamericana–, la defensa planetaria y auguran un próximo despertar de la conciencia humana.

Sin embargo, no hay consonancia total en estos movimientos acerca del cierre del ciclo maya en 2012. Hubantz Men, el chamán que compartió con Argüelles su información sobre el sistema calendárico maya a mediados de los años ochenta, a pesar de que al principio se sumó a su movimiento, luego cambió de opinión. Él es el líder ceremonial maya más conocido de Yucatán, y difunde su mensaje particularmente entre estadounidenses. El autor de *Secrets of Mayan Science/Religion* apunta que cada era maya dura 26 000 años y que en ese ciclo el año 2012 no tiene relevancia. "No estoy de acuerdo con este planteamiento", me dijo en entrevista en la ciudad de Mérida. "Hasta este momento nadie ha descubierto dónde está el principio de la contabilidad maya en las estelas o en los códices, no han sido descifrados."[12] Hubantz Men estima que Thompson, el primero en registrar la fecha, pudo cometer un error en cálculos matemáticos.

En contraste, en otra vertiente indigenista, surgieron más vaticinios indigenistas de 2012. En 2004 se publicó el libro *Las trece profecías mayas* de un autor que firma como Yeitecpatl. En su texto explica que consultó el *Chilam Balam de Chumayel*, libro profético maya, y que a partir de meditaciones profundas desentrañó mensajes ocultos para nuestra época. Yeitecpatl explica que con el nombre de *Chilam* se identificaba a adivinos y profetas, y *Balam* significa "jaguar".

Las comunidades mayas antiguas escribieron libros con augurios o sabiduría médica, astronómica, calendárica, ritual, histórica. Los llamaban "Chilam Balam", y al final citaban el nombre del pueblo, en este caso "Chumayel". A la llegada de los españoles, los misioneros católicos ordenaron la destrucción de todos los códices y libros mayas porque los consideraron diabólicos. Los mayas intentaron transmitir sus historias de forma oral de generación en generación, lo que pudo afectar la versión original. Luego algunos misioneros se arrepintieron y pidieron a los mayas, ya evangelizados, que reescribieran sus tradiciones religiosas. Así fue escrito de forma anónima el *Popol Vuh* y el *Chilam Balam de Chumayel*. Este último, que data de un periodo entre los siglos XVII y XVIII, tiene en su lenguaje referencias a la religión católica impuesta.

Yeitecpatl enfocó sus predicciones en el periodo de 1993-2012 y ubica el 22 de diciembre como el día clave. Cita frases textuales del *Chilam Balam de Chumayel* y les agrega su interpretación.

Primera profecía

"...la cuarta vez que habla el Katún, la cuarta vez que le llega al Itzá, Brujo del agua": Quetzalcóatl regresará por quinta vez.

Segunda profecía

"...A la mitad se reducirá su pan, a la mitad se reducirá su agua en este tiempo del katún 2 Ahau": Habrá hambre y miseria.

Tercera profecía

"...Es la voluntad de Dios que a la mitad se reduzca su templo durante su imperio": Iniciará la caída de las grandes religiones.

Cuarta profecía

"...Se ennegrecerá el ramillete de los señores de la Tierra por la universal justicia de Dios nuestro señor...": Los grupos de poder económico y político rendirán cuentas.

Quinta profecía

"Se volteará el sol, se volteará la luna": Da dos interpretaciones: o el eje de rotación de la Tierra se desplaza provocando un cataclismo, o nace un despertar espiritual.

Sexta profecía

"...bajará la sangre por los árboles y las piedras": Habrá un reencuentro interno en cada ser humano y se extenderá la sabiduría espiritual.

Séptima profecía

"...andarán los cielos y la Tierra por la palabra de Dios Padre, del Dios Hijo y del Dios Espíritu Santo, santa justicia, santo juicio de Dios nuestro Señor": Da tres interpretaciones: El cielo puede arder si nos cae un meteorito; habrá un juicio final, o una revolución espiritual.

Octava profecía

"Nula será la fuerza del cielo y de la Tierra cuando entren al cristianismo las ciudades grandes y los pueblos ocultos, la gran ciudad llamada Maax, Mono, y también la totalidad de los pequeños pueblos en toda la extensión del país llano de Maya Cusamil Mayapan, Golondrina Maya su lugar Estandarte venado": Nacerá una nueva religión de amor al prójimo.

Novena profecía

"...Será el tiempo en que se alcen los hombres de dos días en el rigor de la lascivia; hijos de ruines y perversos, colmo de nuestra perdición y vergüenza. Dedicados serán nuestros infantes a la Flor de Mayo y no habrá bien para nosotros": Advierte del tráfico infantil con fines de explotación sexual, tráfico de órganos, sectas.

Décima profecía

"...Será el origen de la muerte por la mala sangre al salir la Luna y al entrar la Luna Llena acontecerá la sangre entera": Una epidemia masiva matará a millones de personas.

Undécima profecía

"...Resucitarán los muertos...": La humanidad, muerta espiritualmente, se abrirá a la luz.

Duodécima profecía

"...acontecerá el hundimiento de los cielos": Caerán las "estructuras básicas" de la sociedad (religiones, gobiernos, economía).

Decimotercera profecía

"Irán los virtuosos al cielo y bajarán los malos al centro de la Tierra, será el fin al término del katún por la palabra de Yumil Caan Yetel Luum, Señor del Cielo y de la Tierra. Esto es lo que hay en la carga del 13 Ahau. Para el tiempo que termine ese katún vendrán a implorar las aguas del renacer, para renacer; serán almas santas las que reciban el santo óleo sin violencia sino por voluntad de Dios": Quetzalcóatl renacerá en el corazón humano.

Argüelles y Yeitecpatl presagian el regreso de Quetzalcóatl en 2012. La idea del retorno del mítico personaje es previa a la conquista, y pudo tener como fuente una historia de Tamoanchan. Así lo relata el Códice Matritense escrito por el evangelizador Bernardino de Sahagún, según puntualiza el historiador Miguel León-Portilla en su artículo "El retorno de Quetzalcóatl", de la edición *En el mito y en la historia de Tamoanchan a las siete ciudades*, de la revista *Arqueología Mexicana*. Esa historia refiere a los primeros pobladores fundadores de Tamoanchan, ciudad evocada en códices como el lugar primordial de dioses y humanos, y que se dice existió antes de Teotihuacán. De igual modo, se dice que ahí llegó Quetzalcóatl, tras rescatar los huesos sagrados de sus antepasados, para formar con ellos a los seres humanos. Un día, los sabios de Tamoanchan convocaron al pueblo para anticiparle que su dios Tloque Nahuaque les ordenó se fueran con él hacia oriente. El códice relata la reacción del pueblo: "Ahora lentamente se va más allá el Señor Nuestro, Tloque Nahuaque. Y ahora también nosotros nos vamos, porque lo acompañamos a donde él va, al Señor Noche Viento, porque se va, pero habrá de volver, volverá a aparecer, vendrá a visitarnos cuando esté para terminar su camino en la tierra".

La vuelta de personajes míticos que avivan la esperanza de emancipación ha perdurado por siglos en la tradición indígena americana. Alfredo López Austin, en *Dioses del norte, dioses del sur*, apunta que en el caso mesoamericano hablan de ellos las etnias del norte y las del sur de México (mayas peninsulares, lacandones, popolocas poblanos, tepehuas, zapotecas, chontales, mixes, tarascos, pimas, zuñis, pápagos, pimas, entre otros). Tales personajes tienen peculiaridades entre sí e identidades distintas: Antonio Siguangua, Shi Gu, Ndeah, Poseyemu, Juan López, Montezuma, Santozoma. También comparten características afines: son heroicos, la mayoría tiene un origen divino, son capaces de proezas e inspiradores de sublevaciones contra los colonizadores, como las acontecidas en los siglos XVII y XVIII. En territorio andino, igualmente, prevalece la idea del regreso de Atahualpa e Incarrí.

El año 2012 no sólo reavivó profecías indígenas de la vuelta de personajes míticos, sino también otras de cataclismos o eras doradas. Federica Zosi, en su libro *Profecías de aborígenes americanos*, menciona, por ejemplo, el caso de chamanes contemporáneos de la tribu Q'ero en Perú, considerados como "los últimos incas". Durante la conquista española, la tribu cuzqueña se ocultó en las montañas y sobrevivió. Actualmente la comunidad está conformada por alrededor de 600 personas. Zosi cita una antigua profecía inca sobre un "gran cambio o Pachacuti", en el que reinará la armonía. Será el momento "del gran encuentro llamado *mastary* y la reintegración de los pueblos de los cuatro puntos cardinales".

El presagio de catástrofes cíclicas ha resurgido en la actualidad de igual manera. La referencia principal es la *Leyenda de los cinco soles* representada en la Piedra del Sol o Calendario Azteca. De hecho, la pieza de tamaño monumental se usó para promover la película *2012*. López Austin dice que el mito *de los cinco soles* es un relato complicado y con diversas versiones. La historia narra la sucesión de eras dominadas por un dios instituido como sol, vencido y sustituido por adversarios. Una de las versiones más conocidas, explica el historiador, relata que la primera era, o el primer sol, se llamó Cuatro Jaguar, pues los jaguares devoraron a los seres creados en ese entonces. En el segundo sol, Cuatro Viento, los vientos devastaron toda la naturaleza y transformaron a los hombres en monos. En el tercer sol, Cuatro Lluvia, los seres que vivían sufrieron una lluvia de fuego y se les convirtió en gallinas. Durante el cuarto sol, Cuatro Agua, las aguas inundaron la tierra durante 52 años y todos se volvieron peces. Finalmente llegó el quinto sol, Cuatro Movimiento, la última de las eras, en la que vivimos actualmente. Entre los presagios posibles de destrucción de la quinta era se mencionan terremotos, erupciones volcánicas y un diluvio.

Eliade, en su libro *Tratado de las religiones*, dice que las tradiciones de diluvios brotan del renacimiento de la humanidad a partir de su reabsorción en el agua. El pueblo huichol o wixárika, asentado en el occidente de México, por ejemplo, cuenta cómo sus antepasados sobrevivieron a un diluvio. José Salvador Chávez se dio a la tarea de reunir variadas historias de esta catástrofe milenaria en el libro *Diluvios y Apocalipsis*. En su obra reflexiona un planteamiento opuesto al de Eliade: la posibilidad de que mitos y leyendas antiguos nacieran de diluvios reales causados por deshielos de los polos, terremotos y tsunamis o la colisión de cuerpos celestes contra el planeta. Su obra reúne historias de diluvios chinos, australianos, egipcios, escandinavos, hebreos, iraníes, hindúes, incas, lituanos, mapuches, mexicas y mayas, entre otros.

Además de diluvios, otro tipo de catástrofes vaticinadas por pueblos indígenas nativos norteamericanos contemporáneos ganó relevancia reciente. Especialmente están anunciados en presagios de dos tribus nativas norteamericanas: la hopi y la chipewa. La tribu hopi está asentada en la meseta central de Estados Unidos. John Hogue, en su antología *Las profecías del milenio*, puntualiza que los hopi las revelaron al mundo exterior por primera vez en 1948: en épocas ancestrales la humanidad, como hoy, alcanzó el desarrollo de tecnología sofisticada, pero la ambición y el poder provocaron su perdición y destrucción. Antes, según su tradición, hubo tres eras o mundos: el primero fue arrasado por fuego; el segundo por una glaciación, y el tercero por un diluvio. Ahora estaríamos en el Cuarto mundo. Y si esta vez nuestra civilización continúa devastando al planeta y no sintoniza su intelecto con su corazón, otro cataclismo ocurrirá, esta vez por fuego.

Hogue dice que para los hopi hay una señal definitiva de la proximidad del fin de la era: "Primero traerán trozos de la Luna que alterarán el equilibrio y desencadenarán fuerzas desastrosas. La purificación empezará poco después de que los humanos construyan una gran casa en el cielo. Se producirán incendios y guerras internas por doquier, y habrá líderes locos de poder, egoístas y codiciosos. Es la última señal de peligro". Esta advertencia alude al viaje del hombre a la Luna en 1969, en el que los astronautas estadounidenses se apropiaron de rocas del terreno lunar para su investigación. La "casa en el cielo" se identifica como una estación espacial en órbita. No obstante, después de la conflagración, habrá una época de reconstrucción en la que regresará Pahana, personaje mítico de origen blanco que vivió con ellos, se fue y prometió regresar.

El segundo presagio se adjudica al chamán *Oso Solar*, de la nación chippewa residente del norte de Estados Unidos y sur de Canadá. La reveló en el siglo XIX, según *Hora Cero*. Aquí se cuenta: *Oso Solar* preguntó al Espíritu de los terremotos, fuegos, desgracias y tempestades si ese tipo de calamidades sucederían a la humanidad y si podrían evitarse. El Espíritu le respondió: "El tiempo vendrá cuando la hermana pequeña hable y el abuelo conteste, y la tierra se unirá al océano". La interpretación más difundida de estas palabras es que el volcán Santa Helena, considerado joven, y el volcán Rainer, de mayor tamaño, ambos ubicados en el estado de Washington, a 80 kilómetros de distancia entre sí, se activarán en cadena provocando terremotos, fuego y lluvias de ceniza. Al igual que el pueblo hopi, la tribu chippewa vislumbra erupciones volcánicas en su territorio.

En *Hora Cero* se citan, de idéntica forma, profecías orientales que han cobrado atención a última fecha. Unas son de origen tibetano, conocidas como *sufras*, atribuidas a Buda. En una de ellas un maestro de nombre Pitaka advierte como señal del final de los tiempos que "las diez actitudes morales de conducta desaparecerán", y con ellas la religión y la ética. De esta forma la humanidad se perderá en los "diez conceptos inmorales": violencia, asesinatos, adulterio, robo, lenguaje procaz, codicia, lujuria, mala voluntad, falsedades y corrupción. El clima de descomposición y ambición provocará una guerra planetaria. Después de que ésta culmine, el quinto Buda, el último del ciclo, conocido también como Maytreya, se presentará. La ciudad de Shambhala será el único lugar donde se siga la sabiduría de Buda. El rey de la ciudad entablará una batalla contra el rey del mal, y tras aniquilarlo, el budismo renacerá por 1000 años más. Hasta ese momento ocurrirá el fin del mundo como tal, primero por fuego, luego por agua y tempestades.

Hogue a su vez revisó las escrituras hindúes antiguas, entre ellas las Puranas. Encontró que los ciclos hindúes pueden durar millones o miles de años de acuerdo a su lectura. En este caso, se quedó con el estimado de que dichos ciclos, llamados *yugas*, durarían 5 000 años. Hasta nuestra época cuatro *yugas* transcurrieron marcando procesos evolutivos. El ciclo final está simbolizado por Kali, dios del pecado, o por una diosa de piel oscura y sonrisa sangrienta. Tal divinidad tiene como fin destruir el mundo ilusorio en que vivimos. Hogue refiere que, según algunos astrólogos hindúes modernos, el ciclo final de Kali puede acontecer entre los años 2000 y 2012.

Nostradamus y 2012

Otra vertiente profética alrededor de 2012 versa sobre calamidades y catástrofes naturales, no necesariamente acompañadas de trascendencia cósmica. Nostradamus, por supuesto, reapareció en escena. Surgieron renovadas interpretaciones de sus *Centurias* en libros como *La última profecía de Nostradamus*, de Domenique Nobecourt; *Nostradamus maya 2012: Más allá de la profecía maya del Apocalipsis*, de Spencer Carter, o *El testamento auténtico de Nostradamus*, de Daniel Ruzo.

Hogue expuso la vigencia de algunas de las profecías no cumplidas de Nostradamus en la serie televisiva *El efecto Nostradamus* de History Channel. El escritor estadounidense tiene 16 libros sobre profecías y está considerado como un erudito en el tema. Contra lo que pudiera pensarse, el autor de *Nostrada-*

mus: *The Complete Prophecies* tacha de falsas las profecías mayas. En enero de 2010 Hogue presentó en México la serie de Nostradamus y lo entrevisté en un hotel capitalino. Hogue es alto, su barba recuerda a la de alquimistas antiguos, y expresa sus opiniones con desparpajo. Primero aclaró que no hay ninguna conexión entre el año 2012 y Nostradamus. Para Hogue el profeta francés es un personaje histórico documentado, mientras que las profecías mayas son un invento de la industria del entretenimiento. Acerca de Argüelles opinó: "Es un idiota, él empezó esta tontería". Hogue observa que ha surgido bastante material catastrofista con influencia negativa, cosa que le disgusta: "Hay una histeria, estoy en contra de lo que unos colegas dicen".[13]

En uno de los programas de la serie, Hogue desarrolla la profecía de Nostradamus que habla sobre la llegada de un Anticristo. En el programa se precisa que, aunque Nostradamus no expresa literalmente la aparición de este Anticristo en 2012, la crisis y violencia mundial presentes crean el momento propicio de su arribo. Dice Hogue que todas las tradiciones judeocristianas refieren un Anticristo, pero que Nostradamos habló de tres. Las claves para descubrir sus identidades, según él, están en las *Centurias* del francés que revelan que uno de ellos fue Napoleón Bonaparte, que movido por su ambición arrasó con parte de Europa en el siglo XIX con un saldo de tres millones de muertes. El segundo fue Hitler, representación de la máxima maldad conocida en la historia humana, pues el Holocausto dejó más de seis millones de judíos exterminados.

El tercero, de acuerdo con Nostradamus, surgirá en Medio Oriente y será el peor de todos. Hogue de entrada descartó a Muammar Kadafi, Ayatola Jomeini, Saddam Hussein y Bin

Laden por no cubrir el perfil de Bonaparte y Hitler. Este tercer Anticristo, a su parecer, deberá tener poder sobre millones de hombres así como recursos económicos desmedidos para arrasar regiones fuera de su territorio, así como en su momento lo hicieron los considerados como primer y segundo Anticristo.

Particularmente en *El efecto Nostradamus* se destacan tres cuartetas acerca de la venida del tercer Anticristo. En la Centuria X, Cuarteta 10, puede leerse sobre la naturaleza de éste: "Manchado con asesinatos en masa y adulterio, este gran enemigo de la humanidad será peor antes que él en el acero, el fuego, las aguas, la sangre, monstruoso". La interpretación de esta centuria es que este tercer Anticristo será más desalmado que sus antecesores. Su aparente lugar de origen es señalado en la Centuria X, Cuarteta 75: "Esperado largamente nunca regresará a Europa, aparecerá en Asia". Acerca de la devastación que provocará y su destino final, la Centuria VII, Cuarteta 77, dice: "El tercer Anticristo bien pronto aniquilado, 27 años durará su guerra". Es el anuncio de una tercera guerra mundial. No hay que olvidar que dos países asiáticos: Irán, gobernado por Mahmud Ahmadineyad, y Corea del Norte, por Kim Jong-il, desarrollan programas nucleares de carácter hermético.

A Nostradamus también se le atribuye la autoría de un libro con 80 acuarelas elaboradas con imágenes místicas y símbolos esotéricos que auguran fatalidades y el fin del mundo en 2012. History Channel transmitió un programa dedicado a la obra, en octubre de 2009, con el título: *El libro perdido de Nostradamus*. Raymond C. Hundley, en su libro *¿Se acabará el mundo en 2012?*, dice que el aparente descubrimiento de un material inédito de Nostradamus provocó revuelo entre los seguidores del francés. Dos periodistas italianos, Enza Massa y Roberto Pinotti, dijeron haberlo encontrado en 1982 en la Biblioteca Nacional de Roma. Curiosamente, a fines de los años noventa otro misterioso libro profético, éste adjudicado a Leonardo Da Vinci, apareció en el interior de un tubo de plomo, tras un bombardeo en Berlín en 1944. Pronosticaba una serie de fatalidades y guerras de los años 1900 a 2000.

Hundley dice que dos eruditos de Nostradamus, Victor Baines, presidente de la Sociedad de Nostradamus en América, y Vicent Bridges, autor del libro *A Monument to the End of Time*, analizaron siete de las ilustraciones consideradas relevantes y las interpretaron de esta manera:

Dibujo	*Interpretación*
1) Una torre en llamas	El ataque a las Torres Gemelas de Nueva York
2) Un arquero ciego amenaza a una mujer	Aniquilación cósmica de la humanidad
3) Un sabio con el libro de la vida y un velo	Tiempo de Apocalipsis
4) Una serpiente con una Luna creciente	El islamismo violento crece en poder
5) Un loco con un libro de la vida en blanco y un velo que se cae	Todo se revela y la vida cesa
6) Un árbol es golpeado por un palo inclinado	El eje planetario se mueve
7) Un escorpión con una hélice entre sus garras	El 21 de diciembre de 2012 el Sol se alineará con el centro de la galaxia y sobrevendrá el fin de los tiempos

Hogue expresa su recelo sobre el libro perdido de Nostradamus porque "tiene muchas nubes" que empañan su veracidad. A las acuarelas les ve una conexión con imágenes místicas y símbolos de origen cátaro, movimiento gnóstico que se extendió en Europa del siglo X al XIII.

Más predicciones catastróficas

La idea de que el eje planetario de la Tierra se mueva, o que haya una reversión de los casquetes polares, es el presagio de destrucción más extendido de 2012. Dos obras escritas en los años cincuenta, aquilatadas como las clásicas en las teorías catastrofistas, fueron revisadas de nuevo: la ya citada *Mundos en colisión*, de Immanuel Velikovsky, y *La corteza terrestre se desplaza*, de Charles Hapdoog. Velikovsky, como dije en el primer capítulo, piensa que el sistema solar no ha permanecido "inmutable por billones de años", por el contrario, ha sufrido repetidos cataclismos. Éstos ocurrieron, a su entender, por la interacción o colisión entre distintos cuerpos celestes de nuestro sistema solar. Velikovsky expone que en el caso de la Tierra, su vecindad con las órbitas de Venus y Marte le provocaron trastornos cósmicos anteriores. Como consecuencia, nuestro planeta padeció sumersión y emersión de territorios, nacimiento de desiertos o vegetaciones diversas, desaparición de especies y hecatombes que "han reducido la civilización sobre la Tierra a ruinas".

El libro de Hapgood, y el hecho de ser prologado por Albert Einstein, se citaron en la película *2012*. El antropólogo e historiador, doctorado en la Universidad de Harvard, desarrolló la teoría de un deslizamiento de la corteza terrestre por el peso gravitacional de los casquetes glaciales. Según considera, estos casquetes polares no coinciden simétricamente con el eje planetario, por lo que cada determinado periodo, variable entre 17 000 y 26 000 años, su peso provoca una dislocación y el desplazamiento súbito de la corteza terrestre. El fenómeno origina terremotos gigantes, una nueva conformación geológica en la superficie del planeta y el cambio de lugar de los polos. Hapgood advirtió que el casquete glacial de la Antártida es más extenso que el último casquete glacial, situado en lo que ahora es Wisconsin. Observa evidencias entre una aparente presión del casquete de la Antártida en la corteza terrestre y movimientos sísmicos en el meridiano de empuje opuesto, el meridiano 96 de longitud Este, ubicado al suroeste de la India.

Ambas tesis, la de una colisión con cuerpos celestes o la reversión de los casquetes terrestres, son reinterpretadas actualmente por estudiosos o videntes de diverso cuño. Hundley expone en su obra algunas de esas hipótesis destructivas de 2012. Unas surgen de fuentes galácticas. Es el caso de la contactada Nancy Lieder. Ella afirma que un planeta de nombre X/Nibiru, con un tamaño cuatro veces mayor que el de la Tierra, colisionará con ésta. A sus contactos galácticos los identifica como *Los Zetas* sin nexo aparente con el desalmado cártel. Sin embargo, anteriormente *Los Zetas* le anticiparon erróneamente que en mayo de 2003 el planeta X pasaría cerca de la Tierra y provocaría la reinversión de los polos. No sucedió así. En su portal de internet ella explicó que esa fecha se había anunciado para despistar al gobierno de Estados Unidos, pero que luego *Los Zetas* le darían la fecha buena. Ahora la tiene: 21 de diciembre de 2012.

En la red abundan otros mensajes de personas que aseguran ser canales de seres dimensionales o espaciales que advierten de cataclismos venideros. Uno de estos seres es "Adama, Maestro Ascendido, del Rayo Azul del Amor y la Compasión. Es el Sacerdote Principal de Telos, la ciudad intraterrena bajo el Monte Shasta, en California". Un mexicano de nombre Enrique Santoyo distribuye sus mensajes por correo electrónico. De acuerdo con Adama, una señal de los cambios severos por acontecer será la despedida de los cetáceos de la Tierra para volver a su planeta, pues aquí no tienen condiciones de sobrevivencia marina. Las ballenas abandonarán de forma misteriosa nuestros océanos. La razón, dice Adama, es un próximo estallido de gas metano acumulado en el Golfo de México. Eso provocará la reversión de la polaridad planetaria y destruirá al mundo. Sin embargo, una evacuación gigantesca encabezada por "hermanos intraterrenos y extraterrestres" se realizará en sus platillos voladores. A los rescatados se les trasladará a planetas de la tercera y quinta dimensión.

Otro mexicano contactado se presenta con el nombre de Abira San para dar conferencias a grupos interesados en escucharlo. Él escribió el texto *El principio de un todo significa el fin de la humanidad*. Dice que seres del planeta Casiopea telepáticamente le dieron información de las profecías mayas. Aunque no le detallan el tipo de desastre que sucederá en 2012, sí sugieren que pueda acaecer una colisión de algún astro contra la Tierra. Como forma preventiva, escribió Abira San, en planos espirituales ya revisaron 9 000 expedientes de humanos, de los cuales seleccionaron alrededor de 370 personas que estarán al frente de labores de salvación. Estas personas han sido distribuidas en 25 países de todas las razas. El cambio dimensional empezó en 2009 y culminará en 2015, dice. En este periodo 85 por ciento de las almas logrará trascender. En algún momento, una civilización extraterrestre tomará parte del planeta bajo su control, reforestará la naturaleza y limpiará las aguas.

El Apocalipsis, como sucedió antes, también está presente entre contactados galácticos. Comando Ashtar, mencionado antes por tripular la nave que conduce a Jesucristo, y por haber anunciado una evacuación planetaria en los años ochenta con motivo de un cataclismo fallido, presagia de nuevo: "El plan de evacuación es un hecho". En un mensaje de internet, Ashtar deja claro que sus naves no aterrizarán en la Tierra con fines de rescate. Más bien delega en cada ser humano la responsabilidad de subir a ellas: "Nuestro plan de evacuación mundial es un hecho, y es necesario que se pongan a trabajar en su ascensión vibratoria. No duden en establecer comunicación con su alma gemela en las demás dimensiones, ya que la unión de dos llamas es lo que nos ayudará a realizar su ascensión vibratoria más rápidamente. Tomen conciencia de que es necesario que realicen esto para que puedan ascender con su cuerpo físico a las naves". Se despide: "Hasta pronto, soy su hermano Ashtar Sheran, comandante de la Confederación Intergaláctica, siempre a su disposición".

Otro contactado ya referido, Giorgio Bongiovanni, famoso como "estigmatizado", es decir, por presentar en su cuerpo marcas sangrantes de las supuestas heridas mortales de Jesucristo, predice, como lo hizo en los años setenta, el fin de los tiempos. El ser que lo contacta, Setun Shenar, ve una señal del Apocalipsis en el conflicto libio que originó la guerra contra Kadafi. Bongiovanni escribió en su sitio de internet el mensaje recibido: "El Apocalipsis ha comenzado. También ésta es la verdad. Ahora esperad de aquí a no mucho tiempo el retorno de aquel que dijo: 'No os dejaré huérfanos, regresaré entre vosotros...' (Juan 14,18)".

Ajenos a cuestiones siderales, hay cristianos que ya pronosticaron un fin de los tiempos errado antes del arribo de 2012. Es el caso de un moderno profeta bíblico, el californiano Harold Camping, ingeniero civil de oficio, que según *El Universal* predijo el Apocalipsis para el 21 de mayo de 2011. El líder evangélico, apoyado por donaciones de fieles seguidores, hizo una campaña profusa en medios de comunicación para advertir de la cercanía de un diluvio universal. Dice que la fecha surgió de cálculos matemáticos bíblicos a partir de la construcción del Arca de Noé. Superado el fracaso predictivo, pronosticó otro fin de los tiempos para el 21 de octubre de 2011.

Otros cristianos, éstos de la Iglesia católica, observan en las profecías mayas consonancias con el Apocalipsis. Elisabeth F. de Isáis publicó en 2010 un librito titulado *30 señales de los últimos tiempos según las enseñanzas bíblicas*, del Grupo Milamex, Red de editoriales cristianas. En la presentación expone: "Jesucristo viene por segunda vez, y entonces todo el mundo no sólo lo verá, sino que sabrá a ciencia cierta quién es Dios y quién es el Creador. Y alrededor de este evento viene el fin del mundo…" Reconoce fuentes no cristianas que validan su presagio: "Los aztecas en México profetizaron que el calendario terminaba en 2011; también en México los mayas predijeron el fin del mundo para el año 2012, al igual que el calendario chino y 'Nostradamus'". Entre las señales del Apocalipsis menciona el aumento de pandemias, hambruna, terremotos, violencia, consumismo y perversión sexual en el mundo. La autora también divisa la causa de la aniquilación: las tormentas solares.

En efecto, las predicciones de 2012 de destrucción planetaria total tienen como detonante la actividad del astro. Un escenario presagiado, dice Hundley, es por la influencia que tormentas solares tendrían en la erupción del volcán Yellowstone, en Wyoming, considerado como el volcán activo más grande del planeta. La idea se recreó en la trama de la película 2012. Otro pronóstico en ese sentido es del físico Paul La Violette, autor de Earth Under Fire. Él anticipa que dichas tormentas provocarán el deslizamiento de la corteza terrestre con consecuencias geológicas monumentales.

Otro escenario más de muerte causada por el sol es el de Patrick Geryl en su libro La catástrofe 2012, uno de los más difundidos en esa línea. El punto de partida de Geryl fue la tesis de las manchas solares desarrollada por Maurice Cotterell en Las profecías mayas. Geryl analizó el modelo matemático de Cotterell para estudiar las manchas solares y, a su parecer, encontró errores. Geryl recurrió al Códice de Dresde y a la matemática egipcia para hacer sus propias estimaciones matemáticas sobre el comportamiento solar. Al final, alerta: en 2012 el Sol sufrirá un aumento cíclico de tormentas que ocasionarán la inversión magnética de sus polos. Como resultado, la radiación del astro se incrementará y arrojará una nube de plasma al planeta. Geryl avizora terremotos y tsunamis mayúsculos arrasando con todo. En definitiva, augura el fin del mundo.

Preparándose para el año 2012

La tarde es calurosa. En el interior del Pasaje del Libro Zócalo-Pino Suárez, un pasillo subterráneo que conecta dos estaciones del metro en el Centro Histórico de la Ciudad de México, con librerías a lo largo de un kilómetro de extensión, el ajetreo de la gente es apresurado. Sin embargo, algunos paseantes

El Señor de Pakal, labrado en la lápida de un sarcófago ubicado en una cámara subterránea de Palenque, Chiapas, es el personaje maya más célebre de 2012. En los años sesenta y setenta se vio a Pakal como un cosmonauta maya tripulando una nave, como la evidencia contundente de la presencia extraterrestre en culturas antiguas. Aquí ilustra la portada de la caja del *Telektonon, El juego de Profecía*, una herramienta didáctica creada por José Argüelles, principal profeta de 2012. Argüelles se asumió como el heredero predestinado de Pakal. Colección: Eduardo Reza.

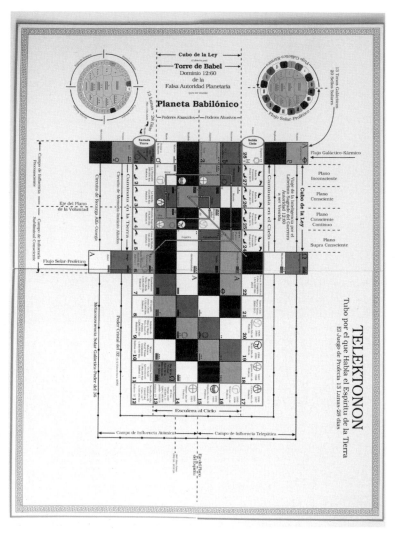

El *Telektonon* es un tablero para seguir cada uno de los 28 días del Calendario de las 13 Lunas. Incluye además fichas diversas, 52 cartas y un pequeño "Evangelio de Pakal Votán". El *Telektonon* comprende glifos y numerales mayas e información del Corán. Su finalidad es que el consultante siga dicho calendario en el tablero para conocer la energía particular de cada día y hacer una meditación determinada. Así, pensaba José Argüelles, se sintoniza con la cualidad vibratoria del día, la conciencia ordinaria se conecta con "el tiempo verdadero": la frecuencia 13:20, y se desarrolla una telepatía cósmica. Colección: Eduardo Reza.

El calendario religioso Tzolkin, conocido como "cuenta de los días", está considerado como el más antiguo de Mesoamérica. Surge de la combinación de 20 nombres de días con los numerales del 1 al 13. La representación maya del Tzolkin fue fundamental para la tesis de José Argüelles sobre 2012. Colección: National Museum of the American Indian, Washington, D. C.

Esta brújula inspirada en el Tzolkin es de la autoría de José Argüelles. El movimiento del Calendario de las 13 Lunas lo usa para convertir una fecha gregoriana, por ejemplo la del nacimiento, en una fecha de la frecuencia 13:20. De esta manera se conoce el signo zodiacal maya o "sello" correspondiente. Colección: Eduardo Reza.

José Argüelles y su tercera esposa Lloydine Burris en Huehuecóyotl, Morelos, en casa de Alberto Ruz Buenfil, hijo de Alberto Ruz Lhuillier, descubridor de la tumba de Pakal. La foto se tomó un día de la primavera de 1992 cuando Argüelles dio a conocer su "Evangelio de Pakal Votán" y en una nota final expresa: "Por los signos que se me han revelado yo sé que soy el mensajero. Existe sólo un mensajero para cada época. Yo soy el mensajero para esta época del final del viejo tiempo y la entrada en el tiempo nuevo". Cortesía: María Esther Hernández.

José Argüelles y Lloydine Burris recién llegados a México. Están en el departamento de María Esther Hernández, en la colonia Narvarte de la Ciudad de México, en el verano de 1991. La pareja vivió con Hernández por más de un año. Cortesía: María Esther Hernández.

Argüelles convocó a una conferencia de prensa en la primavera de 1994 para denunciar que el entonces presidente Carlos Salinas de Gortari asesinó a Luis Donaldo Colosio, el sucesor presidencial. Su acusación se basó en la interpretación que hizo al respecto con símbolos y fechas del *Telektonon*. La conferencia, organizada en la Quinta Colorada del Bosque de Chapultepec, fue saboteada por supuestos agentes de Gobernación. Cortesía: María Esther Hernández.

Ceremonia encabezada por Argüelles en Tula, Hidalgo, para celebrar el fin de año de su Calendario de las 13 Lunas en julio de 1996. Lo acompaña un grupo de seguidores, entre ellos María Esther Hernández (vestida de amarillo), quien fue su representante en México durante nueve años y después lo acusó de desviar dinero destinado al movimiento para consumo de cocaína. Cortesía: María Esther Hernández.

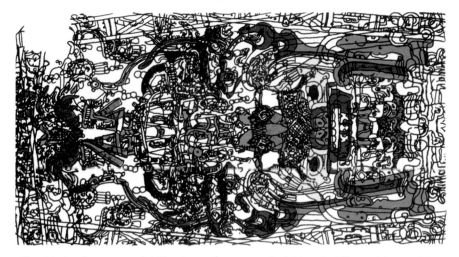

Esta lámina forma parte del libro *Las profecías mayas* de Adrian G. Gilbert y Maurice M. Cotterell, publicado en 1995 y considerado como el gran éxito editorial de las llamadas profecías mayas. En esta obra, Cotterell asegura que decodificó la lápida de Pakal y que ésta encierra el misterio sobre la desaparición de la cultura maya en la antigüedad: causada por el efecto de las tormentas solares. En la imagen se aprecian dos figuras de Pakal sobrepuestas, a partir de las cuales Cotterell interpreta la "muerte y renacimiento del señor de Pakal". Cortesía: Maurice M. Cotterell.

Fernando Malkún es el empresario colombiano que produjo el paquete de videos "Las siete profecías mayas: Los dueños del tiempo". Su versión, que entre otras fuentes brota de las tesis de José Argüelles y Maurice M. Cotterell, es la más popular sobre 2012. Malkún estima que sus producciones televisivas las han visto alrededor de 300 millones de televidentes. Cortesía: Fernando Malkún.

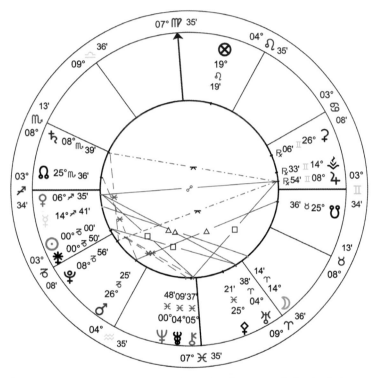

Solsticio de Invierno 2012
Natal Chart
21 Dec 2012
5:12 am CST +6:00
Mexico City > Ciudad
19°N24' 099°W09'
Geocentric
Tropical
Placidus
True Node

Ésta es la carta astrológica del 21 de diciembre de 2012. La fecha divide la opinión de astrólogos esotéricos y de astrólogos mundanos. Estos últimos, dedicados a realizar mapas celestes de los pueblos, rechazan que en tal fecha vaya a suceder un acontecimiento cósmico o un cataclismo.

La interpretación que la astróloga Cecilia Ortiz (Ayla) brinda de ese día es que el Nodo Sur, indicador de drenajes y pérdidas, estará en conjunción con la estrella Capulus, símbolo de agresividad, en la Casa nueve, del conocimiento y la conciencia. Ortiz piensa que tal conjunción, cercana a la estrella Algol, considerada como una estrella negra porque representa al monstruo griego de Medusa, decapitada por Perseo, simboliza desgracias, muertes por ahorcamiento o degollamiento. Según su interpretación ese día: la gente "perderá la cabeza, estará pensando puras estupideces, estará en la locura, peleando por ver quién tiene la razón". Cortesía: Cecilia Ortiz, la Casa del Astrólogo.

El astrólogo Tito Macia, autor del libro *Descifrando los códices mayas 2012*, considera que el Códice de Dresde es un tratado milenario de "Astrología climatológica" que descifra el enigma de la extinción de los mayas hace cinco mil años: causada por un diluvio gigantesco. Macia estima que en el Códice los mayas nos advirtieron de la repetición del fenómeno en 2012. Dicha advertencia queda en su opinión retratada especialmente en la última estampa, a la que describe como un "dragón celeste con las fauces abiertas dejando salir un fabuloso flujo de agua, un derrame de aguas mucho más exagerado que el de las columnas anteriores". A su parecer, este dragón representa el diluvio anunciado. Cortesía: Foundation for the Advancement of Mesoamerican Studies.

Dos libros sobre teorías de catástrofes, considerados clásicos, cobraron especial atención rumbo a 2012. Uno de ellos es *Mundos en colisión* de Immanuel Velikovsky. Quien postuló que en la antigüedad el choque de cuerpos celestes contra el planeta provocó cataclismos y los sobrevivientes dejaron constancia en códices y libros como la Biblia. Sin embargo, reprochaba el autor, ahora se piensa que tales testimonios son sólo mitos y leyendas. Aquí se presenta la portada de la primera edición en español publicada en 1954. Colección: Biblioteca Forteana de Adrián Segundo.

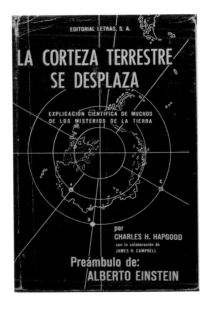

El otro libro es *La corteza terrestre se desplaza* de Charles H. Hapgood, con preámbulo de Alberto Einstein. Hapgood elaboró la teoría de un deslizamiento de la corteza terrestre por el peso gravitacional de los casquetes glaciales. Hapgood es citado en la película *2012* de Roland Emmerich. Ésta es la portada de la primera edición en español publicada en 1960. Colección: Biblioteca Forteana de Adrián Segundo.

En 2009 Roland Emmerich proyectó su película *2012* y difundió masivamente la idea de que en ese año se avecina una reversión de los polos provocada por un máximo de las tormentas solares. Emmerich hizo una mención fugaz al sistema calendárico maya y a presagios tibetanos del fin de los tiempos. El filme extendió la vertiente de predicciones catastróficas de la fecha. Cortesía: Sony Pictures.

Un grupo de italianos construye un complejo habitacional búnker, de nombre "Las Águilas", en plena selva maya de Yucatán. Se trata de cerca de cuarenta viviendas erigidas en 800 hectáreas de terreno selvático, aisladas de miradas curiosas. Según *El Universal,* el proyecto nació a partir del sueño que tuvo la líder espiritual del grupo. El complejo se construye en un pueblito maya de nombre Xuúl, que significa "fin final, fenecer". Cortesía: periódico *Por Esto!* de Yucatán.

De acuerdo con *El Universal*, "Las Águilas" se edificó para enfrentar catástrofes por agua, huracanes, atentados por fuego y vandalismo. El complejo tiene paredes con 60 centímetros de grosor y puertas a prueba de balas, túneles, refugios bajo tierra, bodegas para alimentos, celdas solares, huertos. El grupo de italianos se niega a dar entrevistas a la prensa. Cortesía: periódico *Por Esto!* de Yucatán.

Los arquitectos Bruno Bellomo y Ellian Gabriel Rubina desarrollaron en Venezuela, con mucho ingenio, tres diseños de búnker: un centro comercial, un submarino y una vivienda. En la imagen se muestra el tamaño de cada prototipo en proporción con una diminuta figura humana. Cortesía: Arquitectura Bellomo.

La arquitectura del centro comercial búnker está inspirada en la forma de una mantarraya. Lleva por nombre Génesis y sus diseñadores la conciben a prueba de tsunamis y terremotos. Tendría salas de cine, restaurantes y tiendas. Cortesía: Arquitectura Bellomo.

En las imágenes se puede apreciar a Oziré, un submarino búnker inspirado en la forma del erizo. Soportaría terremotos y tsunamis de 100 metros de altura, además de que contaría con sistema de navegación. Tiene cupo para 25 personas y su costo estimable es de 30 millones de dólares. Cortesía: Arquitectura Bellomo.

La versión búnker de vivienda lleva por nombre Oziré Home Edition y tiene un costo aproximado de 3 millones de dólares. Sus creadores reconocen que sus tres proyectos búnker sólo pueden pagarlos la elite poderosa: "es cruel pero es real", dicen. Cortesía: Arquitectura Bellomo.

El proyecto Refugio Ecuador 2012 se suspendió de manera inesperada el verano de 2011. El gerente del proyecto, que solicitó el anonimato, lo canceló ante la falta de solicitantes con poder adquisitivo. Se planeaba construir un búnker subterráneo para 96 personas en un terreno cercano a un aeropuerto en Ecuador. La ubicación era secreta para evitar actos de violencia por parte de sobrevivientes externos a un futuro cataclismo. Aquí se muestra dicha cancelación. Cortesía: Refugio Ecuador 2012.

ÁREAS QUE COMPONEN EL REFUGIO

TIPO DE ÁREA	ÁREA	M²	ÁREA TOTAL	OBSERVACIONES
Dormitorios	24	4.7	112.8	
Baños	12	2.14	25.7	
Corredores	1	140	139.5	Sólo área interna
Áreas de conversación	3	10.4	31.2	
Área de juegos infantiles	1	13	13	
Cubículos para computadoras	8	1.5	12	
Estudio-biblioteca	1	22	22	
Área de máquinas para ejercicio	1	20.4	20.4	7 máquinas generan energía
Área de comedor	1	110	110	
Área de cocina	1	9.5	9.5	
Área de lavado de ropa	1	8	8	3 máquinas lavadoras
Bodega alimentos	1	20	20	
Taller-bodega de herramientas	1	23.6	23.6	
Control, comunicación y seguridad	1	11	11	
Área de medicina-Laboratorio	1	15.7	15.7	
Área de tratamiento agua aire	1	12.5	12.5	
Generadores y tanques de combustible	1	29.5	29.5	1 de 25 KW + 1 backup 25 KW
Área de cuarentena	1	17	17	
Área para control de acceso	1	13	13	
Área paredes externas	1	54.1	54.1	
Áreas varias	1	8.84	8.84	
		TOTAL	**709.32 m²**	

Listado de las características funcionales del búnker Refugio Ecuador 2012.

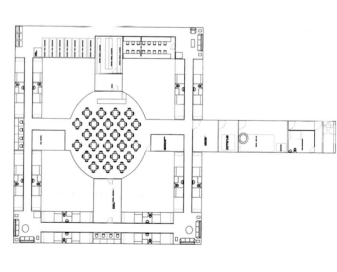

El proyecto arquitectónico de Refugio Ecuador 2012 contemplaba áreas de esparcimiento, biblioteca, enfermería y hasta un depósito de agua subterránea. En las habitaciones habría camarotes con dos camas, un baño pequeño y un clóset. El costo por espacio físico estaba estimado en 38 mil dólares por adulto o 22 mil dólares si se compartía la cama. Cortesía: Refugio Ecuador 2012.

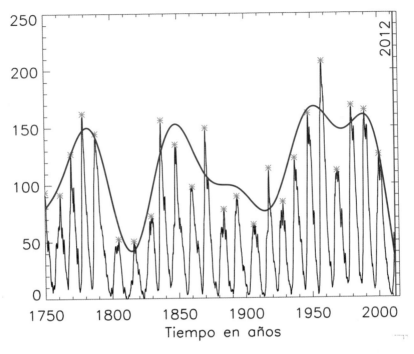

- La línea negra muestra el promedio mensual del número de manchas solares observado desde 1750 hasta 2011. Dicho número sube y baja en ciclos aproximados de 11 años.
- Los asteriscos verdes marcan el número máximo de manchas registrado en cada ciclo.
- La línea roja registra los ciclos mayores de actividad de las manchas (incluso, pueden durar décadas). En este caso, los dos últimos ciclos mayores duraron aproximadamente 100 años.
- Es interesante notar que en 1960 se alcanzó la máxima actividad de las manchas solares y no hubo afectaciones a la humanidad ni a la vida planetaria.
- La línea azul señala el año 2012.

Este gráfico fue elaborado por el astrofísico Alejandro Lara especialista en el estudio de eyecciones de masa coronal (tormentas solares). Según él: "La ciencia predice que el máximo solar de este ciclo ocurrirá alrededor de 2016, lo que por ende, descarta los presagios catastróficos provocados por un supuesto máximo solar en 2012".

Cortesía: Dr. Alejandro Lara, Grupo de Física y Radio Astronomía solar (GIRAsol), Instituto de Geofísica de la UNAM.

se detienen abruptamente en el pequeño auditorio del pasaje, abierto al público, en el que Fernando Allier, un hombre con barba de chivo y discurso enfático, expone la tesis de Geryl sobre la reversión de los polos en 2012. El público lo escucha con cara de susto. Posteriormente yo charlaría con quien fuera reportero de la revista *Duda*, publicación clásica del tema extraterrestre y esotérico en los años setenta en México. Allier piensa que es real la proximidad de una hecatombe, y percibe una alarma social creciente: "Hay muy poca gente que no tiene miedo del 2012".[14]

Allier está convencido de que los gobiernos poderosos tienen evidencias científicas de un próximo cataclismo debido a la actividad solar, pero ocultan la información por intereses geopolíticos. La prueba visible, dice, es la construcción del "Arca de Noé verde" o "Bóveda del fin del mundo". Se refiere al almacén de semillas más grande del planeta construido en 2008 en una isla del archipiélago noruego, a 1 000 kilómetros del polo norte. Según el diario *El Mundo*, esta arca actualmente alberga unas 500 000 semillas de todo el planeta. El edificio se construyó a 130 metros de profundidad, en las entrañas de una montaña de piedra arenisca. Es resistente a terremotos, radiación y la posible elevación del nivel del mar. Allier dice que se levantó en esas condiciones porque los gobiernos poderosos saben que "el océano va a cambiar de lugar" por la inversión polar vaticinada.

El financiamiento de ese granero asombroso viene, en parte, del Fondo Mundial para la Diversidad de Cultivos, el gobierno noruego y empresarios privados, como Bill Gates, cofundador de Microsoft, el segundo hombre más rico del mundo. Allier considera que los grupos de poder infunden una política de miedo en la gente para "crear angustia y distracción" mientras hacen sus planes para salvarse a sí mismos. Él observa miedo en distintos sectores: religiosos, esotéricos, ecologistas, particularmente en la clase que tiene poder adquisitivo para comprar la diversa literatura sobre el tema.

De hecho, en el mundo hay quienes ya toman precauciones con seriedad, convencidos de una inminente catástrofe. En la red se encuentran proyectos de búnkers en Estados Unidos, Rusia, Alemania o Gran Bretaña. De idéntica manera los hay en Iberoamérica. En Venezuela, por ejemplo, los arquitectos Bruno Bellomo y Ellian Gabriel Rubina, de la oficina de Arquitectura Bellomo, diseñaron Oziré, un búnker submarino capaz de soportar catástrofes marinas, y Propuesta Génesis, un centro comercial dentro de una "superestructura" sellada para enfrentar terremotos y tsunamis.

Oziré está inspirada en la estructura de un erizo (palabra cuyas letras al revés dan Oziré), tiene capacidad para 25 personas, y está pensada para soportar la fuerza de una ola de 100 metros. Además de contar con los servicios básicos de una vivienda, contempla características asombrosas: es antisísmica, con capacidad de flotación y navegación, paneles solares, tres motores combustibles, depósito de agua, sistema de control de clima y un sistema de videovigilancia exterior; depósitos especiales para alimentos, medicinas y semillas, y un depósito con armas de fuego, en caso de que se necesitara repeler actos vandálicos contra sobrevivientes en el exterior desesperados por alimentos o provisiones. Génesis, por su parte, sugiere la forma de una mantarraya y se diseñó con técnicas de construcción aplicadas a un barco. Génesis contaría con salas de cine, restaurantes, consultorios, tiendas y supermercado. Tendría una sección de hospedaje con 65 habitaciones y cuatro suites.

El proyecto nació de la inquietud de ambos arquitectos por el cúmulo de información catastrófica en torno a las profecías mayas. Los entrevisté vía internet. Respondieron desde la ciudad donde radican, Mérida, Venezuela.

–¿Qué les preocupa de 2012?

–No solamente que todo sea cierto, sino que sea peor de lo que se espera: imaginarse al mundo retroceder a la Edad Media, ver a una sociedad acostumbrada a la modernidad, a la tecnología, perderse en corto tiempo. Entraría la humanidad en un caos, mucha gente preferiría la muerte. Eso es muy triste, y hay que prepararse psicológicamente para enfrentar esa posible situación.[15]

Los arquitectos cuentan que sus colegas cercanos ven a Oziré con cierto escepticismo, aunque hay otros que se han sumado al desarrollo de proyectos alternos como el citado Génesis, así como Oziré Home Edition, la versión del submarino hecha vivienda. El costo de Oziré Home Edition es de tres millones de dólares. Oziré asciende a 30 millones de dólares si se hace en Venezuela. De Génesis mejor no hacen estimaciones, porque son "palabras mayores".

Los arquitectos reconocen que sus proyectos son elitistas: "Suena antipático, inhumano, pero muy realista. Oziré o Génesis están pensados para uso exclusivo. El dinero en nuestras sociedades, así sean socialistas, siempre será un boleto de entrada. Es cruel pero es real". En su portal de internet anuncian la búsqueda de 40 000 metros cuadrados para desarrollar Génesis fuera de Venezuela. ¿Por qué en otro país? Porque dicen que no consideran confiable la situación política y jurídica venezolana como para hacer una inversión privada en un proyecto de su naturaleza. En otras palabras, temen que el gobierno de Hugo Chávez les confisque Génesis.

–¿Dónde quisieran estar el 21 de diciembre de 2012?

–En la sala de control de Oziré o Génesis, esperando que no pase nada, al lado de nuestros seres queridos.

Otro proyecto toma forma en Sudamérica. Se trata del Refugio 2012 Ecuador. Un búnker subterráneo para 46 personas planeado en un terreno a una hora de distancia de un aeropuerto local. El portal de internet omite información sobre las personas que están al frente del proyecto y acerca del lugar donde éste se realizará. Sin embargo, envié un mensaje al portal. Desde Ecuador me respondió un hombre que se ostenta como gerente del proyecto. Me pidió que no revelara su identidad. En la página se detalla que el refugio estará diseñado arquitectónicamente para afrontar las consecuencias de la colisión de un meteoro o cometa. Es decir, estaría hecho para sobrevivir a lluvia de fragmentos, lluvia ácida, tsunamis, lava ardiente, aludes. El búnker tendrá una fuente de agua subterránea, áreas sociales, de juego, deportivas, biblioteca, enfermería. La gente dispondrá de camarotes con dos camas, un baño pequeño y clóset. El costo por espacio físico es de 38 000 dólares por adulto o 22 000 dólares si se comparte la cama.

El gerente dice que echó a andar Refugio 2012 Ecuador por la inestabilidad financiera mundial, la sobrepoblación, el riesgo de que se acaben los recursos no renovables como el petróleo y el cambio climático. Extrañamente, el entrevistado no cree en las profecías mayas, pero le inquieta la cantidad de información en torno a éstas, porque "cuando el río suena, es que agua lleva, y esto está sonando mucho como para no prestarle atención".[16] No le ha sido fácil encontrar gente que pague el costo de la estancia y tenga un perfil psicológico adecuado para afrontar las condiciones de un refugio subterráneo por tiempo indefinido.

–¿Por qué el secreto de la ubicación del lugar?

–Desde mi concepción, cualquier evento que provoque una crisis social importante desencadenaría la anarquía. En una situación de ese tipo, cada uno lucharía por su vida y la de los suyos. Si una persona que no pagó el refugio sabe dónde está ubicado y sabe que en ese lugar hay probabilidades de super- vivencia, hará lo imposible por entrar.

–¿Tiene miedo de lo que pueda suceder en diciembre de 2012?

–No precisamente en esa fecha. Tengo miedo de que llegue un momento de crisis en el que esté en juego la vida de mi fami- lia y que sienta que NO hice todo lo posible para evitarlo.*

Un búnker más en Latinoamérica ya es realidad. En ple- na cuna maya se erigió un complejo de viviendas en espera del año 2012. Según informan los diarios *El Universal* y *Por Esto!* de Yucatán, un grupo de italianos construyen un Arca de Noé en plena selva maya. Se trata de una unidad habitacional de alre- dedor de 40 viviendas, llamada Las Águilas, erigida en 800 hectáreas de terreno selvático, cercano a un pueblito maya de nombre Xuúl, que significa "fin final, fenecer". Según *El Univer- sal*, el complejo, resguardado por vigilantes, cuenta con túneles, refugios subterráneos, bodegas para alimentos, energía solar, huertos. Las viviendas tienen paredes de 60 centímetros de gro- sor, puertas a prueba de balas y material especial para afrontar cataclismos solares, inundaciones, incendios, huracanes.

Las Águilas nació gracias a un sueño. De acuerdo con *El Uni- versal*, un "ser de luz" se le presentó a una mujer a través de un sueño. Le dijo que debía levantar un asentamiento humano en

---

* Refugio 2012 Ecuador fue cancelado de forma inesperada por el entrevista- do. A través de otro correo dijo que no tuvo la respuesta esperada, sin embar- go dejó en funcionamiento su portal por si gente interesada lo contacta.

la selva yucateca, en un poblado de nombre "Xul". Así lo hizo. La mujer pasó un tiempo en estado de meditación en Veracruz y luego se integraría a esta comunidad. El diario dice que la propiedad está vinculada con una asociación civil ecológica de nombre Quinta Esencia, de la cual no hay registro en internet.

El grupo de italianos no otorga entrevistas. Por un intermediario intenté establecer contacto con ellos pero fue en vano: la respuesta fue un "no" rotundo. El intermediario me dijo que la difusión del proyecto provocó cierto acoso de los medios de comunicación y una revisión del estatus migratorio del grupo. Lo único que logré averiguar es que éste pretende impulsar un pequeño negocio de producción de leche de vaca con fines auto-sustentables. En marzo de 2011 *El Universal* realizó un sobrevuelo en el área y constató que hay un área destinada al cultivo de caña de azúcar, mamey y naranja. También observó un lago artificial y una estatua de Atenea, la diosa griega de la razón, la paz y las artes, al centro del complejo. La postura hermética del grupo de Las Águilas fue quizá la más tajante, pero se enmarca en el mismo sentido, más o menos secretista, que manifiestan casi todos los grupos que se preparan para 2012.

III

2012 DIVIDE A ASTRÓLOGOS

Las profecías mayas crispan especialmente a dos frentes totalmente contrapuestos: uno integrado por antropólogos y científicos, el otro, por una rama de astrólogos. Me explico: por un lado, los antropólogos rechazan que los mayas hayan dejado profecías para esta época y los científicos niegan que el 21 de diciembre de 2012 habrá una hecatombe. Por otro lado, el mundo astrológico, cuyo principio fundacional es el eterno retorno, se divide, paradójicamente, frente al vaticinio de que en 2012 se acaba una era y renacerá una nueva humanidad. Unos astrólogos, más ligados a lo esotérico, retoman el planteamiento general de Argüelles y vaticinan un despertar de conciencia. Otro grupo, integrado por astrólogos que dicen estudiar los grandes ciclos de las transformaciones socioeconómicas de la humanidad, se distancia de tal posición o la califica de absurda; pero, eso sí, tiene sus propios pronósticos que se extienden hasta 2023.

Este segundo grupo se asume en la llamada "astrología mundana", que desde épocas ancestrales busca avizorar el devenir de las culturas a partir de mapas celestes. Para la astrología mundana, el año 2012 no será más que un eslabón en la larga cadena de la evolución humana. Anticipa cambios en las relaciones humanas y estructuras de poder, pero no para el año referido y tampoco de forma automática y etérea. Por el contrario, predice un proceso doloroso y caótico. Según esta interpretación, ya estamos dentro del caudal de acontecimientos vaticinados.

La humanidad ha recurrido a la astrología como instrumento para vislumbrar prosperidad, asegurar el poder o evitar fatalidades. Luis Lesur, en su libro *Vicios y prejuicios de la astrología*, la define como "la disciplina que estudia las correlaciones entre los movimientos celestes y la vida en la Tierra". Escribe que "hay tantas astrologías como número de personas que las practican", pero ubica dos vertientes generales: la primera, de raíces antiguas, de carácter adivinatorio, y la moderna, vinculada con la escuela de Carl Jung, padre de la psicología analítica, que interpreta los planetas y signos del zodiaco como símbolos con los que puede conocer la psique.

El origen de la astrología, como se dijo, es griego, y en sus tiempos primeros la ejerció una elite intelectual. En la época de Aristóteles, en el siglo IV a.C., por ejemplo, la disciplina coexistía con la medicina. Ursula Fortiz, en su libro *Profetas y profecías*, expone que eso significaba que todos los médicos sabían astrología, pero no necesariamente todos los astrólogos sabían medicina. La tradición de médicos astrólogos prevaleció durante siglos en Occidente. Nostradamus, como ya abundé, fue uno de ellos. De este modo, la Iglesia aceptaba que una persona enferma fuera atendida con un tratamiento de acuerdo con la aparente influencia de determinado planeta. Pero lo que no admitía era la astrología adivinatoria para predecir la muerte del paciente. Eso era considerado como una herejía, puesto que, desde una perspectiva católica, atentaba contra los designios de naturaleza divina.

La astrología profética que postulaba la teoría de grandes conjunciones bajo las cuales se predecía el destino de cambios colectivos, según Fortiz, fue elaborada por los califas de Bagdad del siglo IX y se introdujo a Occidente por los cruzados. Entonces no había diferencia entre astronomía y astrología. La astronomía estudiaba el desplazamiento de los planetas y anticipaba sus conjunciones. Así se hicieron tablas que marcaban el recorrido de los astros en el zodiaco. Con ese fin el rey Alfonso X, que gobernó Castilla de 1252 a 1284, mandó elaborar un libro de cálculos astronómicos llamado *Tablas alfonsíes* que se usaron durante el siglo XIII. A partir de esos cálculos, el astrólogo interpretaba sucesos venideros.

Cuenta la historiadora que desde el siglo XII particularmente llamaron la atención tres tipos de conjunciones de dos planetas con traslación lenta: Saturno y Júpiter. Sus conjunciones acontecían en intervalos distintos: 20, 240 y 960 años. Bajo estas conjunciones, en el siglo XIV y hasta el final del Renacimiento, circularon diversas profecías que revelaban las inquietudes propias de la época: "el deseo reiterado de cruzada, la aniquilación del mundo musulmán, el miedo al fin del mundo y la llegada del Anticristo". La investigadora interpreta que "el imaginario no nace nunca de otra cosa que sea la realidad".

En la Edad Media la astrología había ganado tal reputación, que se enseñaba en la mayoría de las universidades europeas. Formaba parte de las "siete artes liberales" junto con la medicina, la filosofía, la aritmética, la geometría, la música y la gramática. Se extendió particularmente en Italia. Además oficialmente, explica Fortiz, todas las cortes apadrinaban a uno o dos astrólogos con fondos reales, y no había señor feudal que se preciara de serlo que no tuviera a su servicio a algún astrólogo prestigioso. Incluso los Papas, de idéntica forma, les consultaban. En el año 1335, la disciplina se consolidó porque la realeza la protegió a través de medidas legales. Uno de los casos más notables de esa prosperidad fue el colegio francés de Gervais Chrestien, cobijado bajo el reinado de Carlos V en Francia. Durante siglos, asimismo, la practicaron astrónomos notables como Nicolás Copérnico, Galileo Galilei y John Kepler.

Sin embargo, dice Fortiz, la astrología recibió dos golpes mortales: el primero fue el surgimiento de la imprenta en el siglo XIV. Con la imprenta se imprimieron las *Tablas alfonsíes* y almanaques con cálculos astronómicos, con lo que la disciplina dejó de pertenecer a un círculo ilustrado. Surgieron astrólogos populares y su ejercicio devino en el lucro y la charlatanería. El otro golpe estuvo en manos de la Iglesia, pues a fines del siglo XV la censuró y persiguió. El origen del conflicto se suscitó, prosigue Fortiz, cuando se hizo una diferenciación entre astronomía y astrología. La diferenciación tenía por objeto determinar si la astrología era un instrumento profético para anticipar la voluntad de Dios. La controversia quedó encarnada en el caso del astrólogo Simón de Phares, que fue juzgado por el Parlamento de París y la Facultad de Teología en 1494. Si bien Phares admitía que la astrología era una ciencia humana y la profecía un don divino, consideraba que al astrólogo sí le correspondía predecir su propia muerte. Ese planteamiento era común en la generalidad de sus colegas. El juicio también representaba la defensa que Phares hizo de una disciplina que perdía reconocimiento. Él y sus libros fueron condenados. Aunque la sentencia fue sólo una "escaramuza", el acto se interpretó como la condena oficial a la astrología.

Todavía faltaba un último golpe. Lesur señala que la pérdida de legitimidad de la astrología ocurrió a mediados del siglo XVII, "con la hegemonía del pensamiento científico". Fue considerada como una disciplina especulativa y llena de supersticiones. Tendrían que pasar tres siglos más para que la astrología fuera reivindicada de nuevo. En la primera mitad del siglo XX se interesaron por ella ciertos círculos académicos, particularmente ligados a Jung. A partir de los años noventa, con el impulso del *New Age*, resurgió su variante oracular y adivinatoria.

Predicciones famosas

Las predicciones astrológicas en la era moderna han tenido descalabros memorables. El sudamericano Boris Cristoff, autor del libro *La gran catástrofe de 1983*, piensa que estos pronósticos no pueden ser exactos a cabalidad porque se rigen por símbolos que cada astrólogo interpreta a su modo. En ese sentido, a su parecer, el astrólogo no puede describir escenarios futuros como si se tratara del guión de una película "con todas las palabras y todos los detalles". En su obra Cristoff auguró que entre 1983 y 1984 acontecería una hecatombe que afectaría "gran parte del Hemisferio Norte segando muchas más vidas que las guerras pasadas". El astrólogo se preguntaba qué ocurriría, si una guerra atómica o un terremoto titánico. No aventuró una hipótesis definitiva. Cristoff vendió cerca de un millón y medio de libros traducidos a cinco idiomas. Ni la guerra ni el terremoto ocurrieron.

Lo cierto es que al arrancar la década de los ochenta hubo un descubrimiento que puso en riesgo el destino humano. En 1981 se detectaron los primeros casos de un virus desconocido, el cual fue identificado dos años más tarde, precisamente en 1983, como el virus de inmunoinsuficiencia adquirida (VIH sida). Según la Organización Mundial de la Salud (OMS), desde 1981 a la fecha murieron más de 25 millones de personas y actualmente hay más de 40 millones de casos de VIH sida en el orbe.

Otra predicción astrológica de los años ochenta fue un fracaso. La cita el propio Cristoff: John Gribbins y Stephen Plagemann publicaron su libro *The Jupiter Effect*, en el que alertaron de una extraña concentración de planetas, acaecida cada 179 años, que se repetiría en 1982. A su entender, tal conjunción planetaria alteraría la actividad solar y la rotación de la Tierra. Según ellos, la conjunción ocurrió previamente en 1800 y provocó un gran sismo en California. Los astrólogos auguraron un panorama terrible: entre 1980 y 1984 habría un cambio en la duración del día y la noche, mareas gigantes, y el peor terremoto del que tuviéramos memoria. Las zonas más vulnerables serían Japón, Medio Oriente, los Andes, y particularmente California, atravesada por la falla geológica de San Andrés. El terremoto arrasaría Los Ángeles y San Francisco. Erraron también.

Un uso de la astrología menos conocido popularmente es el de las predicciones políticas de gran impacto. Hombres de poder, reyes, presidentes y dictadores la combatieron o consultaron según sus intereses. Lesur menciona la forma en que Adolfo Hitler y José Stalin la persiguieron sin piedad. Hitler mandó matar a Karl Krafft, que fue uno de los primeros astrólogos en integrar el uso de las estadísticas a la disciplina. Sin embargo, el Tercer Reich también la usó como herramienta de propaganda para infundir un espíritu triunfal en el pueblo alemán.

Stalin escribió el capítulo más violento en su contra, pues según Lesur, "asesinó a todos los astrólogos que había en el país". El dictador convocó a un congreso de astrólogos en Moscú, reunió a un millar, y los envió a campos de trabajo forzado en Siberia. "Sólo dos o tres lograron sobrevivir." En contraste, es de dominio público que los presidentes Ronald Reagan y Francois Mitterrand tuvieron astrólogos de cabecera durante sus gobiernos. En el círculo astrológico se cree incluso que Reagan, gracias a la asesoría de la astróloga Diane Quigley, se salvó del atentado en su contra en 1981, cuando salió del hotel Hilton en Washington y recibió un balazo que no fue mortal.

Lesur recogió en su libro algunas de las predicciones políticas más conocidas, entre las cuales también hubo lecturas equivocadas. La más famosa ocurrió cuando Charles Carter, presidente de la Logia Astrológica de Gran Bretaña, anunció en 1936, en la víspera de la segunda Guerra Mundial, que no habría guerra contra Alemania. Fue un "fracaso aparatoso".

Sin embargo, Lesur destaca que el "promedio de bateo" del mundo astrológico es superior al obtenido por "los analistas económicos o políticos más prestigiados". Para muestra detalla pronósticos políticos acertados por sus colegas: a fines de la década de los cuarenta el estadounidense Charles Jayne predijo, en plena época de la Guerra Fría, que Estados Unidos y la Unión Soviética jamás entrarían en combate entre sí. En 1953 el francés André Barbault anunció que en 1989 se desintegraría la Unión Soviética (en realidad el proceso de disolución culminó en 1991). En 1976 la estadounidense Barbara Watters adelantó que en 1990 estallaría la guerra del Golfo Pérsico por petróleo. Y meses antes del 11 de septiembre de 2001, el estadounidense Robert Zoller informó en su sitio de internet que Osama Bin Laden ejecutaría un ataque implacable contra una de las ciudades de la costa este, entre septiembre y octubre de ese año.

Cristoff, de igual modo, se precia en *La gran catástrofe...* haber anticipado en *El Diario* de Montevideo, con tres meses de antelación, el golpe de Estado contra Isabel Perón en Argentina el 24 de marzo de 1976. Lesur, por su parte, dice que vaticinó en 1996 que en el año 2000 habría un cambio de régimen en México, gobernado 70 años por el PRI. Así sucedió, el PRI perdió las elecciones y ganó el Partido Acción Nacional (PAN) que llevó a la presidencia a Vicente Fox.

Walter Anliker, suizo radicado en México, es reconocido por sus predicciones de carácter electoral. El autor del *Manual de astrología* estudió las cartas de los candidatos estadounidenses George Bush y John F. Kerry para las elecciones de 2004. Dio por triunfador a Kerry, lo que fue una predicción fallida, pues Bush fue reelegido. Sin embargo, admitió su error y lo explicó técnicamente. "Me equivoqué como el 95% de los astrólogos del mundo", escribió en su portal de internet. "Todos pensamos que el tránsito de Júpiter por el Medio Cielo de Kerry era suficiente para que ganara el candidato demócrata." Júpiter, conocido como el Gran benefactor, estuvo en el cenit de la Carta Natal de Kerry el día de las elecciones, lo cual se interpretó como signo de buena fortuna. De cualquier forma Kerry bien pudo haber ganado, pues tras los comicios hubo un largo y sospechoso conteo de votos que duró días, lo que se prestó a especulaciones de posible fraude electoral por parte de Bush.

En los pronósticos que Anliker hizo de las elecciones mexicanas de 2006 fue más mesurado. Seis meses antes de la contienda hizo las cartas de tres candidatos: el derechista Felipe Calderón del PAN, el centro derechista Roberto Madrazo del PRI, y el izquierdista Andrés Manuel López Obrador del Partido de la Revolución Democrática (PRD). En su análisis no quiso aventurar un ganador. No obstante, presagió con respecto a la carta de López Obrador: "Marte estará en conjunción con su Plutón en la casa XII, aquí se presenta una constelación muy peligrosa que puede señalar traición, fraude, escándalos, incluso violencia". El resultado oficial le dio el triunfo a Calderón por medio punto porcentual arriba de López Obrador, quien denunció un fraude descomunal. El gobierno nunca quiso esclarecer el conteo de votos. Dos años después, en 2008, Anliker adelantó exitosamente el triunfo del demócrata Barack Obama sobre el republicano John McCain.

La visión astrológica de Argüelles

Los astrólogos esotéricos interpretan de dos maneras el año 2012. La primera es a través del zodiaco maya creado por Argüelles. Este zodiaco, como expresé previamente, fue hecho a partir de la cuenta sagrada Tzolkin, conformada por 20 glifos y numerales del 1 al 13, a la que Argüelles otorgó colores y cualidades energéticas que, según él, sirven para sincronizarse con la Tierra y el cosmos. La segunda es a través de la astrología moderna occidental. La astróloga mexicana Blanca Bustamante, autora del libro *La esperanza del cambio*, hizo ambas interpretaciones en su sitio de internet. En la primera, de acuerdo al horóscopo maya de Argüelles, explicó que 2012 es un año "Tormenta 7". Así lo detalla: la "Tormenta" expresa "todo aquello que acelera los procesos", se asocia al planeta Plutón y al poder de autogeneración. El número 7 simboliza la capacidad de canalizar la energía en una dirección, de "armonizar, infundir entusiasmo, reducir pérdidas, encontrar fallas".

La fecha del 21 de diciembre también tiene para ella su mensaje. Bustamante dice que será un día "Mano 7". La mano representa el poder del conocimiento y la voluntad puesta en su búsqueda, el proceso de desechar la paja intelectual y espiritual, sanar a partir de la sabiduría. El numeral 7 se repite de nuevo, lo cual refuerza la idea de elevar la energía con foco y dirección. Redondeando, según su lectura, la fecha insta a buscar con ahínco el conocimiento genuino para liberarse de ataduras, en pos de armonizarse con la vibración planetaria del momento.

Bustamante también hizo la interpretación del 21 de diciembre de 2012 con la hora del solsticio de invierno: 1:11 am. Su explicación es breve, sin grandes revelaciones para una fecha que ha provocado tanto revuelo. El ascendente de la carta del día en cuestión es Piscis, el signo más espiritual del zodiaco, lo que para ella indica "recobrar la vida espiritual para toda la humanidad". Destaca que el aspecto más importante del solsticio es un "Yod", llamado también "Dedo de Dios". Se trata de una configuración entre tres planetas relacionada con fatalidades no fáciles de evitar. Comprende: "un quincuncio entre Júpiter y Plutón, un quincuncio entre Júpiter y Saturno, y una oposición central entre Júpiter, a casi 9 grados de Géminis retrógrado, y opuesto a Venus a 6, y Mercurio a 14 de Sagitario". En resumen, Bustamante presagia cambios difíciles e incluso dolorosos en el ámbito religioso, filosófico y de creencias populares, que no podrán ser forzados. Paradójicamente, su lectura se contrapone, de algún modo, al presagio de Argüelles, de una elevación de la conciencia humana por mera influencia galáctica.

Como expuse, otros estudiosos de las profecías mayas sitúan la fecha final de la cuenta maya un día después de la marcada por Argüelles: el 22 de diciembre. El escritor argentino Darío

Bermúdez, en su libro *Profecías mayas*, recogió el análisis que hizo de ese día la astróloga Ana Lía Ríos. Tras revisar la carta, ella "no detectó nada extraordinario para esa fecha". No obstante, dijo que al verla con más detenimiento, encontró que anuncia un interés por transformar formas de gobierno, intercambio monetario y comunicaciones a larga distancia. Iniciará una nueva etapa en la ciencia, y la intuición y espiritualidad se incrementarán.

Desde el mundo místico surgen otros vaticinios ligados con los mayas y los astros, pero que rompen con el estereotipo del mensaje y el mensajero. Hablo de un caso peculiar, pues su emisor es Matías de Stefano, un joven argentino de 22 años que recurrió a YouTube para difundir sus presagios. De Stefano no se presenta como profeta, sino como alguien que tiene la misión de "recordar" la concepción e historia del universo para transmitirla a grupos pequeños de su misma generación. Tampoco se manifiesta como contactado o canal de otras dimensiones, sino como alguien que tuvo acceso a los llamados "registros akáshicos", una especie de memoria universal con lo sucedido desde el principio de los tiempos. De Stefano encabeza el proyecto de la filmación de una película independiente de nombre *La educación prohibida*, en la que pretende difundir su información mística masivamente. Ha viajado alrededor de 14 países en Iberoamérica, pues conforma una red de maestros y pedagogos de sistemas educativos no ortodoxos que apoyan su proyecto.

El chico expone que la Tierra gira alrededor del Sol en un periodo de un año: 365 días. Y que el Sol, a su vez, gira alrededor de una estrella llamada Sirio en un "año solar" que dura 26 000 años. Dice que ese año solar tiene estaciones, equinoccios, solsticios y eras que "inciden en los procesos históricos humanos". Explica que en la Era de Capricornio, entre los años 21610 y 19450 a.C., surgieron los primeros humanos de la era en la que estamos. Y que los mayas son de los grupos de origen cósmico que poblaron la Tierra en la Era de Tauro, que ubica entre los años 12000 y 10000 a.C. Según él, otras culturas, algunas consideradas míticas, tienen el mismo origen, como la egipcia, la de la Atlántida, Lemuria, Entre Hielos del Polo Sur y Puertas del Sol en Argentina. A su parecer, el llamado "Diluvio universal" aconteció en la Era de Géminis, entre los años 6490 y 4330 a.C. Desde el año 10 a.C. empezó la Era de Piscis, la de nuestro presente, que terminará en 2150 d.C. En la Era de Piscis, según él, todo está conectado con el cosmos, y se generaron grupos en espera de un Mesías.

En su video, dividido en ocho segmentos, él parte de la idea difundida por Argüelles de que se vive un "ascenso vibracional planetario" con clímax el 21 de diciembre de 2012. El equinoccio de ese día, que en Argentina será de primavera, para el muchacho será como "un amanecer solar". Advierte que podrían suceder algunas catástrofes naturales y fallar las comunicaciones electromagnéticas, pero nada que se considere "espeluznante". Donde ve un riesgo real será en "la histeria social". En ese caso recomienda no asistir a lugares donde haya grandes concentraciones de gente y vivir la fecha "en total calma".

Dice que, de hecho, la humanidad ya está en el caudal de acontecimientos de cambio. Que algunos serán realizados a través de la agresividad y conflictos de insurrección: "A las patadas", describe. En contraste, otros lo harán a partir de "la no acción". Para 2013 vislumbra cambios de restructuración política y económica que se extenderán durante 50 años. Entre ellos, el del ejercicio de poder, pues dice que no sólo lo ejercerán políticos, sino también la sociedad civil. Otros cambios, dice, se deberán al derretimiento de los casquetes polares, lo que elevará el nivel de las aguas y ocasionará la migración de ciudades enteras a otros terrenos. El cambio climático transformará las relaciones sociales por falta de agua y comida. Pero lo importante es "no desesperarse, pues todos lo que nacimos [en ésta época] es para vivir esta transición". Dice que a partir de los años 2040 y 2050 las generaciones emergentes organizarán una nueva sociedad. Ésta podrá concretarse de forma definitiva entre los años 2080 y 2090. Esa sociedad arribará a la Era de Acuario, periodo del año 2150 al 4310. En la Era de Acuario la humanidad dejará de esperar Mesías, "ya no necesitará maestros", y buscará de forma individual su evolución interna.

El Códice de Dresde y el diluvio por venir

Un cataclismo en 2012, un diluvio gigantesco, es la predicción que realiza un astrólogo en particular a partir de una fuente maya, el Códice de Dresde: el español Tito Macia, autor del libro *Descifrando los códices mayas 2012*. Macia, que tiene pinta de monje medieval, estuvo en la capital mexicana en 2009 para dar un avance de su libro en la Casa del Astrólogo. En la charla comentó que le había tomado cuatro años estudiar el códice para así predecir lo siguiente: rumbo a 2012 el calentamiento global hará más extremo el clima, y un diluvio de proporciones bíblicas, con tempestades, huracanes y olas gigantes, amenazará la vida terrestre, tal como aconteció a los mayas hace 5 200 años. De paso, desdeñó la tesis de Argüelles: "Argüelles es otra cosa, otro mundo, es un místico".[17]

Macia dice que si bien se enfrentarán fenómenos meteoro-lógicos devastadores, como los mayas lo hicieron en el pasado, no tendrá lugar el fin del mundo. Piensa que los mayas deja-ron en el Códice de Dresde un mensaje de prevención, pues en su vaticinio está presente la esencia del pensamiento maya del eterno retorno: "nada acontece una sola vez, todo vuelve, cada cosa a su ritmo, en su tiempo, pero todo retorna", escribió en su libro.

Macia define el Códice de Dresde como un "tratado de Astrología climatológica" con 1000 años de antigüedad, un compendio de distintos textos acerca de la aparición cíclica de eclipses, lunaciones, movimientos de Venus y Marte, conjun-ciones astronómicas diversas y tablas de efemérides que narran con glifos, iconos y jeroglíficos acontecimientos vividos por los mayas (como sequías, lluvias torrenciales o lluvias con viento). Esta información la utilizaban para su cotidianidad agrícola, religiosa y política.

El Códice de Dresde, resguardado en la ciudad alemana del mismo nombre, es uno de los tres códices prehispánicos que sobrevivieron a la quema española. Los otros dos son el Códi-ce de Madrid y el Códice de París, atesorados, por igual, en las ciudades a las que hacen referencia. Los tres códices contienen información astro-meteorológica similar, sólo que el de Dresde está considerado en mejor estado. A diferencia del *Chilam Balam de Chumayel* y el *Popol Vuh*, el Códice de Dresde es una fuente genuinamente maya, previa a la Conquista.

Macia dice que decodificó cada glifo, icono y jeroglífico del códice calendárico y encontró que los mayas lo organizaron por "paquetes" o fragmentos de tiempo divididos en 69 segmentos. Descubrió que en esos "paquetes" no sólo se registró un fenómeno meteorológico extraordinario, sino los más trascendentes ocurridos en un ciclo de 5 200 años, de acuerdo a la Cuenta Larga de esta cultura precolombina. Asegura que los mayas constataron cómo este ciclo tuvo una curva ascendente que culminó con un acontecimiento por agua de proporciones únicas, para así iniciar su retorno de nuevo. El cierre próximo, según su interpretación del presente ciclo, se hará el 22 de diciembre de 2012.

El astrólogo está convencido de que el cataclismo maya fue de tal envergadura, que las pirámides de Yucatán se construyeron como islotes para sobrevivir a posteriores inundaciones. Prueba de ello, explica, sería el escudo de la ciudad de Izamal, ubicada a 60 kilómetros de Chichén Itzá, y que, al igual que ésta, fue abandonada en la antigüedad de forma inexplicable. El escudo muestra una nubecilla con tres gotas que está sobre cinco pirámides. Kinich Kakmó, una de las pirámides de Izamal, es la tercera de mayor tamaño en México. Tiene un basamento estimado en cuatro hectáreas. Cree que Kinich Kakmó tuvo una función de salvamento en inundaciones severas.

Al último de los "paquetes", el número 69, Macia lo definió como el del "final de los tiempos", pues para él cubre un ciclo que empezó hace 5 200 años y culminará el 22 de diciembre de 2012. En la última estampa jeroglífica, el astrólogo encontró un "dragón celeste con las fauces abiertas dejando salir un fabuloso flujo de agua, un derrame de aguas mucho más exagerado que el de las columnas anteriores", imagen que a su parecer representa el diluvio anunciado.

Para Macia, el principal mensaje del Códice de Dresde es que tal ciclo se origina por el cambio climático, un proceso de "reequilibrio" propio del planeta, ajeno a la actividad humana, que retorna cada 5 200 años. Conllevará "grandes deshielos y desequilibrios hídricos". Su hipótesis la comparte una corriente científica que sostiene que ese fenómeno tiene un origen natural que se repite independientemente del accionar de las personas.

Macia dice que el códice prehispánico no establece fechas determinadas para los sucesos de mayor impacto, pero que sí es posible ubicar el periodo en el que se incrementarán "deshielos, ciclones, tornados, lluvias torrenciales irregulares y aguaceros de gran envergadura": de 2007 a 2012. Sobre todo, el autor pone énfasis en los años 2010 y 2011. Macia señaló como parte del fenómeno el incremento de olas gigantes en las costas españolas.

La autorregulación del planeta, según Macia, no terminará en 2012. En su libro describe que al lado de la última estampa del Códice de Dresde, la del dragón gigante, hay un par de glifos, símbolos de dos eclipses solares con otro mensaje codificado. En su opinión, el primero de los eclipses corresponde al del 14 de mayo de 2012, y será asombroso para el ojo humano, porque "se podrán observar todos los planetas en el cielo de la tarde, y Venus aparecerá en el firmamento brillando como jamás se había visto antes". Al segundo eclipse lo sitúa más de una década después, el 14 de octubre de 2023, y su sombra cubrirá toda la península de Yucatán. Su interpretación de sendos fenómenos es que tras el cataclismo de 2012 la humanidad enfrentará más desastres por agua hasta que la Tierra culmine su reequilibrio natural, lo cual, a su entender, sucederá hasta 2023. Es el mismo año que astrólogos mundanos señalan como el del fin de una gran actividad geológica y de caos socioeconómico en el mundo.

Pronósticos astromundiales

En general, la astrología mundana rechaza el planteamiento de la astrología esotérica de que hay influencias planetarias y cósmicas sobre la humanidad y la naturaleza terrestre. Más bien parte de la idea de que hay grandes ciclos humanos repetitivos con significados específicos. El mexicano Federico Samaniego, en su libro *La semilla del tiempo*, obra en la que expone la carta astrológica de México con una visión sociológica e histórica, define a la astrología mundana como una "hermenéutica del tiempo", una especie de sistema de navegación para orientarse en el tiempo venidero sin pretender el conocimiento de hechos o acontecimientos, sino su significado. Escribió: "La astrología no sirve para predecir nada [...] lo que los astrólogos sí podemos anticipar es el significado que tendrá el tiempo que viene [...] Analizando lo que en periodos similares de la historia ha sucedido, podremos fijar una imagen de cómo se concretó un determinado significado astrológico".[18]

Los astrólogos mundanos rechazan que el 21 y 22 de diciembre de 2012 acontezca un evento apocalíptico o de trascendencia cósmica. Cristoff escribió en el diario *Uruguay al Día* que la popularidad de 2012 es mercadotécnica y recuerda el caso del año 1999, cuando se predijo el fin del mundo a partir de la cuarteta de Nostradamus. En su opinión, ahora se repite el asunto, motivado por otra amenaza sobre el futuro de la Tierra "inventada a último momento".

El español Vicente Cassanya, autor del libro *Crónica astrológica del siglo xx*, enumeró en su sitio de internet las versiones que escuchó con respecto al impacto que tendrá el vaticinio del supuesto alineamiento de la Tierra con el centro de la galaxia: un cambio en la conciencia, la entrada a otras dimensiones, o el contacto con una federación galáctica. Concluyó, no sin cierto desdén: "Bueno, si todo esto sirve para hacernos reflexionar y ser un poco mejores como personas y como colectivo, estaría genial".

Otros astrólogos mundanos son más críticos en sus aseveraciones. Samaniego me dijo en entrevista, en la capital mexicana, que la idea de que el 21 o 22 de diciembre de 2012 trascienda la humanidad, "es una utopía". Y la del fin del mundo: "es una tontería".[19] Cecilia Ortiz (Ayla), cofundadora de la Casa del Astrólogo, espacio de consulta y conferencias en la Ciudad de México, hizo las cartas de sendas fechas y no encontró vaticinios destacables. Por el contrario, constató que el Nodo Sur, indicador de drenajes y pérdidas, estará en conjunción con la estrella Capulus, símbolo de agresividad, en la Casa nueve, del conocimiento y la conciencia. Ortiz piensa que tal conjunción, cercana a la estrella Algol, considerada como una estrella negra porque representa al monstruo griego de Medusa, decapitada por Perseo, simboliza desgracias, muertes por ahorcamiento o degollamiento. La lectura de esa estrella puede ser la de "perder la cabeza". En suma, Ortiz externó en entrevista en la capital mexicana, su lectura de las célebres fechas: el 21 y 22 de diciembre de 2012 la gente va a perder la cabeza, "estará pensando puras estupideces, estará en la locura, peleando por ver quién tiene la razón".[20]

La astrología mundana, como se dijo, tiene sus propias predicciones. Según ésta, la configuración más significativa es la del planeta Plutón en el signo de Capricornio. El estadounidense Steven Forrest, autor de *Measuring the Night: Evolutionary Astrology*, viajó a México en febrero de 2008 a dar una charla de esa configuración en la Casa del Astrólogo. Forrest explicó que Plutón, símbolo de destrucción y transformación profunda, entraba en 2008 a Capricornio, que rige gobiernos y economía, y saldrá de este signo en 2023. Su lectura del periodo de 2008 a 2023: los gobiernos lucharán por mantenerse en el poder, habrá mayor convulsión social y éstos responderán con represión.

Forrest dice que Plutón, conocido como el "Señor del inframundo" por los romanos, simboliza la síntesis de la psicología y la espiritualidad, es decir, un proceso de intensa depuración. Por el contrario, Capricornio es un signo de Tierra, pragmático y estable. De esta forma, el ciclo de Plutón en Capricornio manifiesta dos fuerzas en tensión que se traducen en dos urgencias sociales: "derrocar estructuras tiránicas, y lograr un orden distinto y estable".[21] Forrest advierte que el proceso será cruento, de "revoluciones fallidas", pues los gobiernos y el conservadurismo mostrarán su lado más oscuro y reprimirán sin contemplaciones.

Samaniego, por su parte, dice que Plutón en Capricornio "simboliza la renovación-muerte de la autoridad, la necesidad inaplazable de que la autoridad y sus mecanismos de legitimación y distribución se transformen". Piensa que un ejemplo de ese significado se tiene en la trascendencia de la información difundida por WikiLeaks, la agencia independiente no lucrativa que publica informes y documentos filtrados de interés público. En 2010 WikiLeaks provocó un cisma internacional por la filtración a medios de comunicación de 250 000 documentos internos del Departamento de Estado del gobierno de Estados Unidos con sus embajadas, porque revelan la cara oculta de su ejercicio de poder. "WikiLeaks es el mensajero –dice–, pero la filtración se hace desde el mismo aparato de gobierno, impulsada por alguien que ve una necesidad en lo que se tiene que cambiar y dar a conocer a la opinión pública." El astrólogo se refiere al soldado Bradley E. Manning, encarcelado porque se le acusa de la filtración.

Samaniego ve otro significado de Plutón en Capricornio en la caída del gobierno de Hosni Mubarak en Egipto en febrero de 2011. No observa que esa caída la provocara una insurrección popular. "Nuestras teorías están llenas de dogmas y generalizaciones casi sagradas que nos impiden profundizar en la comprensión de los acontecimientos", escribió en un mensaje que me envió por correo electrónico. "Un gobierno puede caer porque es tiempo de que así lo sea, no necesariamente porque el pueblo lo tiró. Ése es el significado de Plutón en Capricornio: la regeneración de la autoridad, no el levantamiento popular." Su observación se extiende hacia otros países de Medio Oriente que durante 2011 presentan movilizaciones sociales sorprendentes, represión social y caída de dictaduras.

Continuando con Forrest, él observa que la configuración citada se encuentra en el elemento Tierra, por lo que tiene una conexión geológica. Vaticina una actividad volcánica "espectacular", así como terremotos que colapsarán estructuras regidas por Capricornio: presas, puentes, túneles. Pese a todo, piensa que Plutón en Capricornio será un ciclo para dejar atrás ideologías y creencias vetustas y solucionar problemas en común. En su opinión, ciertos grupos sociales se reunirán para hacer frente a situaciones como la crisis económica o ambiental. Pronostica la emergencia del cooperativismo y más convivencia y organización colectiva. Además, explica que Capricornio es un signo práctico y contrario a la idea de desperdiciar, por lo que proliferarán invenciones útiles y vendrá un *boom* ecologista, particularmente de reciclaje de desperdicios. En suma, para Forrest el mensaje es: depurar para sanar, destruir para construir.

Los presagios de Cassanya van en la misma línea que los de Forrest y Samaniego. En la revista *Año Cero* Cassanya predijo sobre tal configuración: "revoluciones en las relaciones sociales y económicas con nuevas clases sociales, que terminarán de definirse cuando Plutón pase a Acuario", lo que sucederá en 2024. Entonces, según él, emergerá "una nueva versión del capitalismo".

La predicción sobre un imperio

Según Cassanya, Plutón en Capricornio tiene un significado particular: Estados Unidos dejará de ser el líder mundial y el dólar perderá su lugar como la moneda dominante. Para llegar a esa conclusión, Cassanya revisó los momentos claves en la historia de la Unión Americana, y los correlacionó con aspectos astrológicos del presente. Así, considera que el momento fundacional de Estados Unidos se dio en la configuración pasada de Plutón en Capricornio. Dice que ésta acontece cada 245 años. El paso anterior entre ese planeta y este signo sucedió de 1762 a 1778, periodo en que acontecieron dos hechos trascendentales en el destino de ese país. En 1776, dice, ocurrió la llamada Rebelión del Té, símbolo de la ruptura estadounidense con la Colonia británica. El mismo año Adam Smith publicó su *Ensayo sobre la naturaleza y las causas de la riqueza de las naciones*. Smith es considerado el padre de la economía de libre mercado, punto de partida del poderío económico del país.

Además Estados Unidos, amplía Cassanya, se hizo poderoso bajo el ciclo de conjunciones Júpiter-Saturno en el elemento Tierra que está por concluir. Tal ciclo de 200 años en Tierra inició en 1820 y culminará en 2020. En 1820 nació la Doctrina Monroe, prosigue, atribuida al presidente James Monroe, que fue definitiva para el rechazo de la naciente nación al colonialismo británico. La resume la frase: "América para los americanos", a partir de la cual no sólo simbolizó su independencia colonial, sino que el país se erigiera como el dueño del continente y que viera en América Latina su "patio trasero".

Cassanya externa que las conjunciones Júpiter-Saturno cambian de elemento (Aire, Tierra, Agua, Fuego) cada 200 años, y están asociadas "con el auge y caída de casi todos los grandes imperios de la historia". Se considera a Júpiter como un planeta benefactor, que todo lo magnifica, y Saturno es llamado "el gran maestro", porque constriñe, impone restricciones rigurosas. Dice que esta conjunción significa una lucha entre dos cualidades distintas que por ende provoca una implosión. En el caso estadounidense, explica que representará la destrucción interna de su cultura.

Sin embargo la caída de Estados Unidos como imperio mundial, indicó Cassanya a la revista, no sucederá "de la noche a la mañana", antes habrá una fase de transición, "porque cuando el imperio pierde su hegemonía, sigue siendo, durante mucho tiempo, un importante punto de influencia y referencia". No obstante, prevé que el punto de quiebre del país ocurrirá en 2020, porque la conjunción Júpiter-Saturno entrará al elemento Aire, de las ideas y el discernimiento, lo que representará "una nueva versión del capitalismo".

Samaniego, por su lado, dice estudiar la carta astrológica de Estados Unidos desde 2009. Él cruza aspectos astrológicos y su significado histórico ocurridos a lo largo de 250 años. No señala a 2020 como el año de la inflexión estadounidense, ubica un periodo previo. Sobre todo, destaca dos tránsitos "reveladores" que acaecerán del 2013 al 2017: Urano oposición Sol cuadratura a Saturno, y Plutón oposición Sol cuadratura a Saturno. De la primera, interpreta que Estados Unidos cambiará la forma en la que se relaciona con el mundo. De la segunda, que representará la mayor crisis política que se haya conocido en ese país. Identifica en dicha crisis a dos fuerzas que se confrontarán: una corriente derechista inspirada en el discurso fundacional de "la libertad americana", y la autoridad.

Samaniego en especial se detiene en los años 2014 y 2015, cuando prevé que un acontecimiento inesperado detone un conflicto interno de tal magnitud, que provocará la pérdida de control político por parte de la autoridad. No podrá imponer el orden. El caos será de tal envergadura, puntualiza, que tendrá repercusiones únicas a lo ancho de la nación y del mundo: "estaremos frente al estallido de la nueva formulación política de los siguientes 250 años; vamos a presenciar el surgimiento de una nueva manera de construir, delegar y repartir el poder". Simultáneamente, agrega, el país vivirá una crisis externa por la que cambiará su apreciación de la forma en que se relaciona con las demás naciones.

Explica que un tránsito parecido al que sobrevendrá en 2014 y 2015 ocurrió en 1992, cuando la golpiza al afroamericano Rodney King, en Los Ángeles, provocó revueltas sociales y enfrentamientos interraciales en la ciudad. La Guardia Nacional se presentó en la urbe. El astrólogo detalla que en 1992 la autoridad supo cómo actuar, pero en 2014 o 2015 no lo sabrá. Samaniego no precisa en qué consistirá el futuro "acontecimiento inesperado" porque, enfatiza, su pretensión es visibilizar lo que simbolizan las configuraciones astrológicas del momento.

El caso de la golpiza de King, dice, clarifica la naturaleza del principio del ciclo astrológico. En su opinión, no fue el acontecimiento en sí el que detonó las revueltas de Los Ángeles, porque golpizas por motivos raciales hubo innumerables ocasiones en ese país. Piensa que más bien en "determinados tiempos la conciencia colectiva está lista para determinados acontecimientos, por eso, un acontecimiento puede provocar un cisma o, por el contrario, ser ignorado. Todo depende de la conciencia del momento del observador, pues la conciencia se enerva en ciclos". A su entender, en 2014 y 2015 la conciencia colectiva estadounidense estará lista para provocar un cisma histórico de carácter internacional.

Para Samaniego la entrada de Plutón en Acuario, el signo de la rebeldía y las insurrecciones, en 2024, representará una revolución mundial igual en dimensión histórica a la Revolución francesa. Advierte, no obstante, que para lograr lo anterior, la sociedad en su conjunto deberá conseguir la transformación del ejercicio del poder durante los siguientes años. Dice que sólo de esta manera iniciará una real y perdurable "transformación humana".

IV

LA CIENCIA, CRISPADA ANTE 2012

A lo largo de las escalinatas del castillo de Kukulcán, en Chichén Itzá, Yucatán, la sombra de la serpiente emplumada desciende puntual cada equinoccio. Esa ciudad maya, como otras, fue abandonada inexplicablemente. En este caso el enigmático abandono aconteció hacia el año 1250 d.C. Chichén Itzá es la zona arqueológica maya más visitada de México. El responsable de las obras de rescate y conservación de la ciudad es el arqueólogo Rafael Cobos, uno de los más reputados mayólogos. Cobos, como otros científicos sociales, piensa que las profecías mayas de 2012 son falsas, un invento urbano acrecentado a partir del arribo del nuevo milenio en 2000. "Fue creado artificialmente por gente del *New Age* de los últimos 30 años", me dijo en entrevista frente a la pirámide de Kukulcán.[22] El fenómeno es tan urbano, añadió el antropólogo de mirada sagaz, que los mayas con los que trata desconocen lo dicho en torno a 2012.

Desde otro frente, el de las ciencias duras, también se desacreditan los presagios que anticipan una actividad solar inusitada con la consecuente reversión polar terrestre, un diluvio o erupciones volcánicas, terremotos y tsunamis. Algunos científicos renombrados, como el astrónomo Philip Plait, del Departamento de Física y Astronomía de la Universidad Estatal de Sonoma en Estados Unidos, aborda el tema con sarcasmo en su blog *Bad Astronomy*. Plait es conocido por sus críticas agudas contra asuntos no probados científicamente. El colaborador de la NASA resumió su opinión en una frase escrita en *Bad Astronomy*, ciertamente, compartida por la generalidad de sus colegas: "2012, el año en que nada sucederá".

Curiosamente, la misma NASA nutrió la corriente apocalíptica de 2012. Si una persona quiere buscar información científica de actividad solar en la red y escribe "tormentas solares NASA 2012" en el buscador cibernético, es casi seguro que la primera liga aparecida sea una nota de la agencia espacial, muy citada en las predicciones catastróficas, cuyo título es: "Alerta sobre tormenta solar", acompañada del subtítulo: "Investigadores predicen la inminente llegada de la tormenta solar más intensa en los últimos 50 años". ¿El año de la tormenta?: 2012.

La nota, fechada en marzo de 2006, dice en su primer párrafo: "La noticia está confirmada: el Mínimo Solar ha llegado. Las manchas solares han desaparecido. No hay llamaradas solares. El Sol se encuentra tranquilo. Como la calma antes de la tormenta". La información alude al periodo de 11 años en el que se manifiestan dos ciclos de cinco a cinco años y medio: un mínimo solar, sin manchas en el astro, y un máximo solar, con manchas y tormentas solares. Se sabe que mientras más largo sea el periodo sin manchas, que son una manifestación del campo magnético del Sol, el ciclo siguiente puede ser más intenso en actividad.

La predicción de la "tormenta solar más intensa" en 2012 se atribuye a la doctora Mausumi Dikpati del Centro Nacional de Investigaciones Atmosféricas. La nota, si bien expone que un máximo solar afectaría las comunicaciones satelitales, no clarifica del todo si tendría otro tipo de impacto en la Tierra: "La predicción de Dikpati es sin precedentes. En los casi dos siglos desde que se descubrió el ciclo solar de 11 años, los científicos han luchado por predecir la intensidad de los máximos solares y han fallado. Los máximos solares pueden ser intensos como el de 1958, o apenas detectables como el de 1805, sin obedecer a patrón alguno. La clave del misterio, como se dio cuenta Dikpati hace varios años, es el Cinturón de Transporte del Sol. Tenemos algo similar aquí en la Tierra: el Gran Cinturón de Transporte Oceánico, popularizado por *El día después de mañana*. Es una red de corrientes que lleva agua y calor de océano a océano. En la película, el cinturón de transporte del Sol se detiene y ocasiona un caos en el clima terrestre". El texto alude al filme catastrofista de Roland Emmerich proyectado en 2004.

La nota cita al final la predicción del físico David Hathaway del Centro Nacional de Tecnología y Ciencias del Espacio, que en su caso ubica el máximo solar para 2010 o 2011. Esta fuente pasó inadvertida. El pronóstico de Dikpati se cita en presagios de destrucción en libros como *¿Se acabará el mundo en 2012?*, de Raymond C. Hundley, o es el punto de partida de *30 señales de los últimos tiempos según las enseñanzas bíblicas*, de Elisabeth F. de Isáis.

Sin embargo, Dikpati se equivocó. "Falló su predicción", según el astrofísico Alejandro Lara del Instituto de Geofísica de la UNAM.[23] El especialista en tormentas solares comentó en entrevista, en su cubículo universitario, que tras el ciclo mínimo solar de 2006 no continuó de inmediato el máximo. El mínimo, de manera inusual, pero no extraordinaria, descendió durante cuatro años más. Entre 2010 y principios de 2011 comenzaron a aparecer las primeras manchas solares. De esta manera, explica, el comportamiento inesperado del Sol recorrió el calendario, por lo que el máximo solar, cinco o cinco años y medio después, ya no corresponderá a 2012, como lo pronosticó Dikpati, pues su pico de intensidad ocurrirá alrededor del 2016 o 2017. Ese giro inesperado en la agenda solar, ¿descartará buena parte de los presagios mayas? Lara explica que nadie sabe con certeza cuándo ocurrirá el siguiente máximo solar porque las tormentas solares son fenómenos aleatorios, difíciles de predecir.

—¿Entonces, por qué la NASA difundió la noticia de forma sensacionalista?

—Porque es información que vende, incluso para la NASA misma.

Cinco años después de que Emmerich dirigió *El día después de mañana*, hizo el filme *2012*. El guión narra cómo unas tormentas solares gigantescas calientan el núcleo de la Tierra y producen un cambio polar terrestre. Lara apunta que tras la proyección de la película se extendió la idea de una hecatombe producida por el Sol. El astrofísico acostumbra dar charlas de divulgación sobre actividad solar, y tras la película sus escuchas le formulaban preguntas constantes de posibles catástrofes en 2012. Incluso su entonces asistente, Silvia Zuec, atendía con regularidad a personas que se presentaban en el instituto para obtener "la verdad" del comportamiento del astro, pues acorde a la trama del filme, creían que los gobiernos ocultaban la inminencia de un cataclismo en 2012. "Llegaba gente muy apanicada",[24] recuerda Zuec en entrevista telefónica. Lara observa que si bien la inquietud popular menguó relativamente, se incrementará de nuevo a medida que se acerque el año en cuestión: "Va a haber un bombardeo de preguntas".

Científicos sociales rechazan las profecías mayas

Las profecías mayas no encuentran acogida en las diversas disciplinas de las ciencias sociales. Por el contrario, algunos estudiosos se burlan de ellas. El arqueólogo Tomás Gallareta, coautor del libro *Questioning Collapse*, acerca del ocaso de la civilización maya, estima que la tesis de Argüelles es pura "ciencia ficción". Gallareta, que gusta de la ironía y de la naturaleza de la Península, vive en una zona maya cercana a Mérida, y cuando lo entrevisté en la capital yucateca no vaciló en opinar sobre quienes postulan ideas apocalípticas de 2012: "tienen obsesiones maniacas y deben acudir al psicólogo".[25] En realidad, lucía muy divertido en la charla.

–¿Qué hará la noche del 21 de diciembre de 2012?

–Para ese día voy a organizar la fiesta del fin del mundo.

Gallareta piensa que la expectación en 2012 ha sido alimentada por personas que reivindican raíces mayas y son atractivas a un público extranjero. La misma idea comparte el mayólogo Robert K. Sitler, autor del texto "2012 y el mundo maya", incluido en el libro *El misterio de 2012, predicciones, profecías y posibilidades*, que compendia una serie de tesis sobre el año en cuestión. A lo largo de 30 años Sitler ha viajado a comunidades mayas para aprender su lengua, por lo que advierte que los contados mayas difusores de 2012 hablan fundamentalmente castellano, tienen lazos "tenues" con comunidades originales y, por el contrario, contacto regular con extranjeros.

Sitler dice que el más conocido chamán maya del *New Age* es el ya mencionado Hubantz Men. Se trata del chamán que marcó el interés de Argüelles por el sistema calendárico maya en los años ochenta. Aunque en un principio Hubantz Men abrazó el movimiento de Argüelles, luego siguió su propio camino. De cualquier modo, hay un creciente interés extranjero en las actividades de Hubantz Men. En Yucatán y Estados Unidos él imparte conferencias de otras profecías relacionadas con la extraña aparición de decenas de cráneos de cristal en zonas arqueológicas mayas, supuestamente legítimos y milenarios, que presagian cambios profundos en la humanidad. Además, en su centro ceremonial maya Lol Be, organiza talleres místicos, especialmente dirigidos a un público estadounidense. Para aquellos que deseen descansar la vida eterna en la región maya, vende nichos mortuorios, de 16 metros de altura, que son colocados en una pirámide erigida en su territorio. Así los estadounidenses se convierten en "Guerreros de luz".

Regresando al año 2012, un coro de estudiosos de ciencias sociales se manifiesta contra las profecías mayas en la edición *Augurios, profecías y pronósticos mayas* de la revista *Arqueología Mexicana* del Instituto Nacional de Antropología e Historia (INAH), publicada en mayo de 2010. En resumen, los especialistas que elaboran los artículos coinciden en que los mayas no dejaron ninguna profecía cósmica o apocalíptica para el 21 o 22 de diciembre de 2012 en códice, estela o glifo alguno. Guillermo Bernal, epigrafista del Centro de Estudios Mayas de la UNAM, por ejemplo, en su artículo "Los escenarios del porvenir. Cómputos y textos futuristas en Palenque", rechazó que el 21 de diciembre de 2012 sea el fin de una era. El autor publicó: "Los registros mayas demuestran —matemáticamente— que esa idea es enteramente falsa. Después de que concluya el *b'ak'tun* 13 comenzará el 14, luego seguirá el 15, y así sucesivamente hasta que termine el vigésimo. Cuando esto ocurra se completará un *piktun* e iniciará otra serie de 20 *b'ak'tunes*".

También se niega que haya profecías en los únicos tres códices sobrevivientes: de Dresde, de Madrid y de París. En el artículo "Augurios y pronósticos en los códices mayas" el antropólogo Nikolai Grube, director del proyecto arqueológico Uxul en Campeche, escribió: "En ningún lugar de los tres códices mayas los epigrafistas han encontrado señales de profecías apocalípticas relacionadas con una fecha concreta. Cualquiera que revise los códices mayas en la búsqueda de evidencia para las profecías, como sugieren los seguidores del ámbito esotérico, se desilusionará". Sin embargo, recordemos que Macia dijo haber encontrado la profecía codificada de un diluvio en el Códice de Dresde para ese 21 de diciembre.

En la misma edición Antonhy F. Aveni, especialista en antropología y astronomía, escribió el texto "Las profecías mayas de 2012. ¿Está escrito el fin del mundo en los mapas celestes mayas?" De entrada descartó el conocimiento maya sobre el comportamiento solar: "No hay evidencia de que los mayas conocieran o concedieran importancia a las explosiones solares, las manchas del Sol o los campos magnéticos". De igual modo, rechazó que su sistema calendárico advierta sobre la alineación de la Tierra con el núcleo central de la galaxia o una inversión geomagnética de sus polos. "No hay manera de predecir exactamente un alineamiento solar-galáctico con más de 300 años de anticipación." Con estos argumentos, desmiente las herramientas gráficas galácticas usadas por investigadores místicos esotéricos. Dice que la forma de la Vía Láctea es la de una banda "ancha y luminosa", poco parecida "en su representación a los mapas computarizados que con demasiada frecuencia usan los profetas contemporáneos para especular sobre lo que contemplaban en el cielo los antiguos sabios mayas".

En cambio, el autor del libro *The End of Time: The Maya Mistery of 2012* no es tan contundente sobre el monumento 6 de Tortuguero, Tabasco, el único vestigio maya en el que está escrito el año 2012. Para los convencidos, se trata de una de las evidencias que comprueban que los mayas nos dejaron un mensaje para este presente. Y es que la estela de piedra está quebrada, como si se tratara de una mala broma, justo en el lugar más importante. "Respecto al año 2012, en el Monumento de Tortuguero, Tabasco, se dice cuándo terminará el ciclo actual y lo que sucederá después: el descenso de un ser sobrenatural; pero justo cuando la historia comienza a ponerse interesante, el texto está erosionado." Queda, pues, sin resolverse, la duda sobre ese mensaje ancestral.

Al final, Aveni reflexiona acerca de la fascinación que la sociedad actual, sumida en el caos, la tecnología y el materialismo, experimenta por la cultura maya: "Tal vez por eso las explicaciones escapistas y místicas de un fin del tiempo galáctico del ciclo maya, preñado de cálculos matemáticos precisos y detalles cósmicos (disfrazado siempre como ciencia), resultan tan atractivas para la cultura de masas. En tiempos de miedo y angustia, atribuimos un conocimiento más profundo a nuestros ancestros [...] es así como idealizamos a los mayas".

Las amenazas de las tormentas solares

El Sol es el principal detonante de la mayoría de los presagios mayas sobre cataclismos terrestres. El astro de cuatro mil millones de años de antigüedad despierta predicciones como ninguno otro. Y no sólo en el mundo místico esotérico. También en el científico. Pues sobre el impacto que puede tener en la vida terrestre no hay verdades absolutas, hay distintas verdades, algunas opuestas entre sí: hay científicos que consideran que el comportamiento solar sí afecta el campo electromagnético de la Tierra, su atmósfera y la salud humana, mientras otros lo rechazan. Lara pertenece a este último grupo.

El astrofísico es especialista en las llamaradas solares magnéticas que expulsa el Sol, nombradas "eyecciones de masa coronal", y estudia el impacto que éstas pueden tener en el núcleo de la Tierra. Algunas de las tesis proféticas más difundidas advierten lo que pasaría si la actividad solar aumentara en forma desmedida: invertirá los polos magnéticos de la Tierra, calentará el núcleo planetario y la corteza terrestre se deslizará, agravará el calentamiento global, dañará la capacidad reproductiva humana, o estimulará al cerebro humano y vendrá un despertar cósmico. Lara rechaza todas.

Antes que nada, el científico niega que en este momento haya un comportamiento solar inesperado o preocupante. "Todo está súper cuidado, tenemos demasiados observatorios", dice. Las famosas tormentas solares, por ejemplo, "siempre han existido", pero ganaron popularidad desde 2006, cuando con tecnología de punta se les grabó en videos espectaculares que se hicieron del dominio público. También gracias a Hollywood. "Antes la gente no sabía que existían las tormentas solares, pero películas como 2012 hicieron que ésta se enterara."

Acerca de las "eyecciones solares" citadas, explica que a pesar de que impactan la magnetosfera de la Tierra y cambian el campo magnético del planeta, su efecto está en una franja "más arriba de los satélites", por lo que sí pueden dañar las comunicaciones terrestres o Tierra-satélite: "A los gringos y militares les importa mucho, pues se pueden quedar sin comunicaciones, incluso, por horas". Pero no la vida terrestre: "se ven impresionantes, pero cuando llegan a la altura de la tierra traen 20 partículas por centímetro cúbico: es una cantidad relativamente pequeña".

En el filme *2012* el sol sobrecalentaba el núcleo de la Tierra y ocasionaba la reversión de sus polos magnéticos. Dice que esa teoría se basa en los neutrinos, "medio fotones, medio partículas", de muy poca masa, fusionados en el núcleo del Sol. Expone que los neutrinos son la única evidencia de lo que pasa dentro de una estrella. No interaccionan con nada, y al salir del centro del Sol "cruzan toda la Tierra, a nosotros mismos, y salen del otro lado del planeta. Ahora tenemos millones aquí". Según él, está probado científicamente que 99 por ciento de los neutrinos sigue su curso, por lo que sólo una mínima parte se queda en la Tierra. En tal caso, los neutrinos no pueden provocar el calentamiento del núcleo terrestre. "De eso no hay duda." Tampoco ve riesgos de un posible aumento de radiación solar, pues la Tierra cuenta con dos escudos de protección: el campo magnético, llamado magnetosfera, y la atmósfera. "La radiación del sol, la que calienta aquí abajo, varía muy poco."

Algunos convencidos del año 2012, como Gregg Bradem, autor de *La matriz divina*, ven un efecto positivo en el aumento del magnetismo solar pues, desde su punto de vista, impacta "millones de pequeñas partículas magnéticas" en el cerebro, provocando un proceso evolutivo. Maurice Cotterell, en contraparte, piensa que un aumento en los máximos solares daña la red magnética del cuerpo humano, y por ende, su capacidad reproductiva.

Otra teoría más sobre la afectación del sol en el cuerpo humano, pero no del mundo místico esotérico, sino de los astrofísicos

Blanca Mendoza y José Francisco Valdés, del mismo departamento de Ciencias Espaciales al que pertenece Lara, señalaron al diario *La Crónica*, en la nota "Las tormentas solares aumentan infartos y ataques epilépticos" (21 de enero de 2005), que tras una explosión solar las partículas del astro penetran el cuerpo y agudizan enfermedades neurológicas y del corazón. Lara niega una afectación humana por el magnetismo solar. Incluso, rechaza el estudio de sus propios colegas. En 1958 aconteció la explosión solar más fuerte, dice, "y no murió gente como si fueran cucarachas con insecticida". Opina: "Son estudios estadísticos sin base".

Otro de sus colegas del mismo departamento, Víctor Manuel Velasco, dijo a *El Universal*, en una nota titulada "El mundo vive mini era de hielo" (9 de marzo de 2010), que desarrolló una teoría y modelo físico por el cual "ha corroborado una vinculación entre los periodos de máximos y mínimos de actividad secular de sol, con los calentamientos globales y los lapsos de enfriamiento terrestre". Lara rechaza cualquier estudio que afirme que hay un efecto del sol en el clima terrestre: "son temas que venden, pero científicamente quiero ver el razonamiento y herramientas para llegar a una conclusión". Estas posiciones opuestas dentro del mismo Instituto de Geofísica de la UNAM, son un microcosmos que se compara con la división científica mundial ante la creciente alteración climática y de catástrofes naturales.

Fenómenos sísmicos y meteorológicos extremos

El mundo místico esotérico y el científico tienen posiciones enfrentadas con respecto a 2012, pero cada grupo observa, por su lado, y con diversas miradas, la curva ascendente de fenómenos atmosféricos, climatológicos y sísmicos recientes de naturaleza extraordinaria. Ervin Laszlo, autor del libro *El punto del caos*, indica que la humanidad está en un punto de quiebre en el que debe elegir entre un planeta más sustentable o atestiguar el fin de la civilización por la crisis del modelo económico, pandemias y catástrofes medioambientales.

Aunque no hay una posición científica única sobre el cambio climático, un vistazo a la información noticiosa en internet de sucesos extremos acaecidos en 2010 y parte del 2011 indica: en el primer semestre de 2010 hubo lluvias atípicas y torrenciales que provocaron la declaración de estado de emergencia en México, Perú, Bolivia y Argentina, entre otros países.

En México, de acuerdo con *El Universal*, las lluvias, heladas, granizo, tornados y nevadas del primer mes y medio de 2010, afectaron cultivos de 11 de los 33 estados del territorio nacional. En julio, el huracán *Alex* arrasó parte del noreste de México. En septiembre y octubre más precipitaciones, consideradas históricas, devastaron siete estados del país. En Veracruz, por ejemplo, ciertos municipios, como Tlacotalpan, quedaron tres o cuatro metros bajo el nivel de las aguas. El año 2011 arribó con otros escenarios climatológicos contrastantes: empezó con una onda gélida que provocó el peor desastre agrícola en los últimos 50 años en la franja norte de la nación. Para junio, el gobierno declaraba que el país vivía la peor sequía en las últimas siete décadas. Por si esto fuera poco, el Centro de Ciencias Atmosféricas predijo más catástrofes por lluvias y huracanes, similares a las de 2010, durante el resto del año.

A propósito, el pronóstico del futuro del campo mexicano es crítico. El Instituto Nacional de Ecología (INE) y el Instituto de Investigaciones Forestales, Agrícolas y Pecuarias (INIFAP) informaron en su reporte *El cambio climático en México* de 2010, que el maíz, grano básico en la alimentación mexicana, escaseará en el año 2025 en 28 de los 33 estados de la República por inclemencias meteorológicas. El reporte pronostica que se vivirá una de las hambrunas más graves en el orbe.

En otras regiones del mundo, como en China, las lluvias de 2010 ocasionaron que la presa de las Tres Gargantas, la más grande del mundo, rebasara su nivel de caudal y estuviera a punto de reventar. Mientras en Pakistán hubo tormentas no vistas en 80 años, que destruyeron poblados y dejaron un saldo récord de damnificados en la historia de las catástrofes: más de 20 millones de personas sin hogar. Más lluvias devastadoras se precipitaron el primer semestre de 2011 en Australia, China, Brasil y Estados Unidos. Missouri, además, fue azotado por un huracán que rompió récords históricos en fuerza y poder destructivo.

Otros desastres alarmantes fueron geológicos. El mes de enero de 2010 registró una actividad telúrica desmedida, sobre todo los primeros 12 días, pues hubo una decena de temblores en distintas latitudes. El más intenso fue el de Haití, con un saldo de más de 200 000 muertos. Un mes después sobrevino el terremoto que golpeó a Chile, con 8.8 grados en la escala de Ritcher, y que según el Servicio Geológico de Estados Unidos liberó 500 veces más energía que el de Haití. En junio, en Baja California, México, otro sismo dejó grietas gigantes de tres kilómetros de longitud. Entrado 2011, un terremoto en Japón, aún de mayor intensidad que el chileno, 9.0 grados en la escala de Ritcher, dejó un saldo de más de 10 000 muertos y 17 500 desaparecidos.

Un suceso geológico inesperado en 2010 acaparó la atención del mundo durante casi tres semanas. El volcán Eyjafjallajökull, en Islandia, hizo erupción tras estar inactivo durante 200 años. La erupción acaecida el 14 de marzo originó una gigantesca nube de cenizas que se extendió a Europa y paralizó la actividad aérea por más de un mes. Al año siguiente, en junio de 2011, otro volcán en Islandia, Grimsvötn, también hacía erupción, aunque con menos intensidad.

Hay otros fenómenos menos espectaculares, pero igual de alarmantes, asociados al derretimiento de la masa polar. La agencia EFE reveló recientemente un estudio del Grupo de Ingeniería Oceanográfico y de Costas de la Universidad de Cantabria, que indica que en los últimos 40 años "hay una tendencia a la alza en la altura de las olas, fundamentalmente en los fenómenos extremos". *La Jornada*, por su parte, registró que el ascenso del nivel del mar "ya es un fenómeno observable y medible" en lagunas costeras de Baja California, según un estudio publicado en *Journal of Vegetation Science*. El mismo diario informó que en la playa de San Benito, en Chiapas, el mar avanzó 100 metros en un periodo de tres años, arrasando con "casas, comercios, calles, playa y gran parte del panteón comunitario".

Más fenómenos hablan de la alteración del ecosistema terrestre. El Fondo Mundial para la Naturaleza (WWF, por sus siglas en inglés), en su informe *Planeta vivo 2010*, afirma que el cambio climático provocó que las especies del mundo tropical disminuyeran 60 por ciento de 1970 a la fecha. También se han trastocado procesos biológicos más sutiles. Por ejemplo, en la península de Yucatán, según documenta *El Universal*, los cambios climáticos afectaron la floración regional, ocasionando la caída de producción de miel 50 por ciento. Por el contrario, en muchas plantas del Reino Unido la floración se ha adelantado de siete a 10 días, escribió José Sarukhán, titular de la Comisión Nacional para el Conocimiento y Uso de la Biodiversidad (Conabio), en un artículo publicado en la revista *Proceso*. También es preocupante, escribió el ex rector de la UNAM, que los fenómenos reproductivos en muchas especies animales se están adelantando dos o tres semanas en diversas regiones del planeta.

Otros fenómenos recientes del mundo animal simplemente no tuvieron explicación: casos de muertes masivas de animales registrados a fines de 2010 y principios de 2011. La agencia EFE los reportó todos. El 30 de diciembre de 2010, 100 000 peces aparecieron muertos en el río Arkansas de Estados Unidos. Un día después, más de 5 000 pájaros cayeron muertos en la ciudad de Bee, también en Arkansas. Luego, el 5 de enero de 2011, dos millones de peces amanecieron muertos en la bahía Chesapeake en Maryland. El mismo día se descubrieron cuerpos inertes de un centenar de aves más en las calles de Falköping, Suecia.

Una verdad incómoda

La ciencia, como planteé, está dividida por el origen del cambio climático y el calentamiento global. El cambio climático alude a la afectación de las temperaturas, las lluvias o el viento en un periodo largo de tiempo que puede comprender décadas. El calentamiento global se refiere particularmente al aumento de las temperaturas, lo que puede provocar oleadas de calor, inundaciones, deshielo de glaciares o incendios. En síntesis, el cambio climático comprende, como una de sus manifestaciones de más impacto, al calentamiento global. En términos generales, la ciencia coincide con estas definiciones, pero no en las causas que los provocan.

Un grupo piensa que el calentamiento global se debe a un incremento de gases tóxicos en la atmósfera producidos por la actividad humana, los cuales se conocen como "gases de efecto invernadero". Acorde a esta tesis, Juliette Novel-Rénier, en su libro *Cómo descubrió el hombre que el planeta se está calentando*, explica que el principal gas contaminante es el dióxido de carbono, generado por la actividad industrial y la quema de combustibles. Dice que tan sólo el tráfico vehicular es responsable de 25 por ciento del dióxido de carbono.

La autora enlista algunas de las consecuencias del calentamiento global, como el deshielo, sea de agua de mar helada o de glaciares de agua dulce, pues "todos los hielos del globo están disminuyendo, a excepción del territorio antártico, donde hace mucho más frío que en Groelandia". Otra repercusión es el aumento en el nivel de los mares: según Novel-Rénier, durante el siglo XX se registró un aumento de 17 centímetros. Lo atribuye al efecto de dilatación del agua al calentarse y al deshielo de los glaciares. Los océanos, asimismo, han presentado un aumento en su acidez, lo que pone en riesgo la existencia de especies marinas como corales y ciertos tipos de plancton. De igual manera, hay trastornos en el comportamiento y migración de especies animales y en la florescencia del mundo vegetal, así como una disminución en la biodiversidad.

Este bloque de científicos tiene su principal plataforma en el Grupo Intergubernamental de Expertos sobre Cambio Climático (IPCC, por sus siglas en inglés) de Naciones Unidas. Su personaje más conocido es el ex vicepresidente estadounidense

Al Gore, quien expuso esta tesis en el video *La verdad incómoda*, producido en 2006, y por el que obtuvo el Premio Nobel de la Paz en 2007 y el Oscar al mejor documental en 2006.

En contraparte, el grupo adversario explica que el calentamiento global es una mentira provocada por intereses políticos y económicos. Considera que el flujo de la actividad solar influye en el cambio climático y en el calentamiento global, y que la Tierra posee un sistema cíclico de termorregulación ajena a la actividad humana: el eterno retorno presente de nuevo. Dice también que los países poderosos inventaron la farsa para condicionar el desarrollo de los países pobres, al acusarlos de aspirar a tener luz, transporte y medicinas, entre otros bienes, porque son producidos por tecnología más anticuada y contaminante. Como respuesta a *Una verdad incómoda*, este frente filmó el video *La gran estafa del calentamiento global*. El bloque tiene en uno de sus principales exponentes al ecologista independiente Björn Lomborg, autor de los libros *El ecologista escéptico* y *En frío*. En este último libro señala cómo la información del cambio climático es generada con una estrategia informativa para infundir miedo en la población, y que si este fenómeno es natural y cíclico, es más urgente combatir otros males de la humanidad como el sida. Lomborg no es pesimista, confía en la ciencia para enfrentar escenarios futuros y sacar ventaja de las alteraciones medioambientales.

Aunque los ataques entre un grupo y otro empezaron en los años ochenta, recientemente se agudizaron. Los escépticos inculpan a los científicos vinculados al IPCC de manipular datos y destruir pruebas para que la verdad no salga a la luz. El asunto es conocido como el *Climagate*, y según una nota en línea del portal español *Libertad Digital*, está considerado como "el mayor escándalo científico del siglo". Se refieren a la serie de correos electrónicos que un *hacker* interceptó del grupo científico vinculado al IPCC, específicamente el de la británica Universidad de East Anglia, que fue revelado en noviembre de 2009. Supuestamente, los cientos de correos capturados mencionan "acuerdos para manipular datos, destrucción de pruebas, conspiración para que los escépticos no publiquen en revistas científicas, dudas privadas sobre sus propias aportaciones al calentamiento global". En contestación, el bloque afín al IPCC niega que sus estudios estén manipulados y acusa a los escépticos de servir a los intereses de las grandes petroleras, porque así avalan la producción de combustibles contaminantes.

Planes de sobrevivencia

La ciencia deja un sinfín de cuestionamientos acerca del futuro del planeta. Sin embargo, la incertidumbre mueve a personas comunes a organizar proyectos sorprendentes para sobrevivir a cualquier emergencia colectiva. Hablo del Grupo de Supervivencia de España (GSE 2012), el primer proyecto ciudadano, no lucrativo, que erige refugios en la zona alta de España para soportar catástrofes producidas por tormentas solares, cambio climático, ataques nucleares, pandemias o convulsión social. La organización no se detiene a discutir la veracidad sobre el impacto de las tormentas solares o el motivo del calentamiento global, simplemente decidió actuar en consecuencia. También busca incidir en políticas de protección civil al tiempo que exige a su gobierno la construcción de estructuras reforzadas y búnkers para protección de la ciudadanía.

Aunque GSE lleva en su nombre el año 2012, niega que su origen tenga que ver con las profecías mayas. El presidente Jonatan Bosque consignó su desmarque en un comunicado en su portal de internet, donde se informa que no concederán entrevistas a la prensa sin la firma previa de un contrato en el que se cumpla con la eliminación de palabras como "Fin del mundo, Apocalipsis, Mayas, Profecías, Cataclismo" para referirse a ellos. Una cláusula del contrato habla de una multa de 100 000 euros de penalización.

Solicité una entrevista con el presidente de GSE 2012 pero me fue negada porque en el cuestionario preguntaba su opinión sobre las profecías mayas. Intercambié un par de correos electrónicos con él. Aparece 2012 en su nombre, escribió, porque "las asociaciones debemos ser listas en estos tiempos (en términos de *marketing*). '2012' nos convierte en un grupo mediático". Precisó: "Nunca he hablado de mayas. Nunca he hablado del fin del mundo. Nunca he dicho que nos preparemos porque los mayas dijeron tal o cual cosa... Así que no participaré en ningún cuestionario que incluya elementos apocalípticos".[26]

Según su portal, GSE 2012 construye "ecoaldeas" en las zonas altas de España, "preferiblemente a 1 600 metros sobre el nivel del mar". Su objetivo es contar, por lo menos, con un "campamento de emergencia" en cada provincia española. GSE 2012 asegura que no vende refugios ni plazas. Organiza la creación de cooperativas para que la gente compre terrenos de forma colectiva y financie la construcción de refugios. Igualmente, busca concientizar a la ciudadanía sobre el cambio climático, los productos transgénicos, la protección a la biodiversidad, y promueve el desarme nuclear y el pacifismo.

GSE 2012 también exige a su gobierno la concreción de planes de evacuación de ciudades ante un eventual accidente nuclear o inundaciones urbanas por rotura de presas. Concluye en el portal de internet: "¿Y qué ocurre con los posibles ataques nucleares (terrorismo nuclear o bacteriológico) o los largos apagones de luz que podrían darse en caso de una potente tormenta solar como la esperada en 2012? ¿Qué escenario nos espera en 'confinamiento (refugio en una casa)' si no tenemos luz, calefacción y se producen saqueos a comercios y en domicilios particulares? [...] Sólo hay un 50 por ciento de posibilidades de sobrevivir a este siglo..."

El miedo, la expectativa de una mejor humanidad, la moda, la desinformación y las preocupaciones ecologistas para salvar el planeta –o también el propio pellejo– parecen mezclarse en una mixtura llamada 2012. Esta mixtura también visibiliza la parte oscura de la condición humana. El español Manuel Toharia, en su libro *El clima*, en el que reflexiona sobre el calentamiento global y el futuro del planeta, dice que la discusión del cambio climático desde el poder es "pura hipocresía global". Él no niega que existan fenómenos alarmantes meteorológicos y medioambientales, pero considera que la atención de los gobiernos del Primer Mundo no está en lo verdaderamente importante. En su obra, se dio a la tarea de poner al descubierto "la hipocresía de las sociedades opulentas que se preocupan del cambio climático, en abstracto, mientras asisten indiferentes a la pobreza extrema de muchos cientos de millones de personas en el mundo".

Sin embargo, Toharia enfatiza en un hecho: urgen medidas para detener el derroche, la devastación y la contaminación de los recursos naturales. Explica que "aunque no sepamos muchas cosas y temamos otras", es imprescindible reducir las emisiones tóxicas, ahorrar recursos naturales y proteger la biosfera. Dice que ésta no es sólo una responsabilidad de los gobiernos, sino de cada persona, pues debe asumirse como un consumidor consciente en su vida cotidiana.

En ese orden de ideas, Robert K. Sitler, el mayólogo que ve en las profecías mayas un fenomeno moderno y no de origen ancestral, piensa que ni los mayas galácticos, ni aquellos desaparecidos misteriosamente, sino las comunidades vivas, atesoran una cosmovisión, aprendida a lo largo de generaciones, con un significado especial para nuestro presente: "su familiaridad con la naturaleza y sus ecosistemas". Sitler piensa que dicha concepción les hace comprender, de forma colectiva, lo que llaman "Nuestra Madre Tierra". Así potencian en su cotidianidad "el sentido de admiración, el respeto y la compasión". El mayólogo finaliza con una reflexión esencial, que deja a un lado la parte periférica de toda la discusión abordada en este libro: A medida que se aproxima el anunciado 2012, surge el mensaje genuino de las comunidades mayas: Alimentar la comunión entre la humanidad y su planeta, más allá del significado de la propia fecha.

Epílogo

Mirar al horizonte

Es muy interesante observar cómo la atención sobre las llamadas profecías mayas cobra fuerza en el momento histórico en que vivimos crisis ideológicas, económicas y una creciente convulsión social. De hecho, 2012 despierta miedos y expectativas en la conciencia colectiva de Occidente como quizá nunca antes lo hizo otra fecha. Más allá de validar o descartar las predicciones reunidas en *2012. Las profecías del fin del mundo*, es importante detenerse en su significado.

La escritora italoargentina A. Galloti, en su libro *Las profecías del fin del milenio 1991-2000*, estima que todas las predicciones, independientemente de que nazcan a partir de supuestos contactos divinos, facultades psíquicas o análisis intelectuales, acierten o no, "son legítimas en tanto surgen como avances o anticipaciones de líneas de fuerza que operan en la realidad". Para la autora, quien se atreve a ver hacia el futuro no deja de ser "hijo de su tiempo", por lo que sus revelaciones también reflejarán su pensamiento y circunstancia. El lector, a su vez, las interpretará de acuerdo a su momento histórico determinado.

A quien las lee le corresponde descubrir en ellas "el inesperado análisis, la anticipación precisa, la reflexión honrada, la metáfora luminosa, la voluntad de querer 'ver'". O, por el contrario, la velada o burda falsedad.

En suma, 2012 amalgama una variedad de expresiones milenaristas que provienen de fuentes diversas. Umberto Eco, en *El fin de los tiempos*, hizo una reflexión en la víspera del año 2000 que ahora nos da luz frente a esta mezcolanza: "El milenarismo es siempre un movimiento popular. No se ha visto nunca a un emperador milenarista. Se trata de individuos descontentos con un estado de cosas y quieren cambiarlo. Los movimientos apocalípticos son, de hecho, arranques revolucionarios. Por eso, precisamente, la Iglesia y los poderes en general, han desconfiado de ellos". Habrá que ver hacia dónde conducen finalmente tales expresiones milenaristas. En relación con las profecías mayas de carácter místico esotérico se puede decir que, en general, pregonan la necesidad de que caiga el mundo tal y como lo entendemos hoy, y la urgencia por establecer una nueva convivencia humana.

En la sociedad actual, no sólo personas asumidas como profetas y psíquicos, sino gente común, de a pie, con distintos orígenes y formaciones intelectuales, está convencida de que 2012 marcará a la humanidad de una u otra forma. Con el tiempo se sabrá quién tuvo la razón, y si 2012 será o no otra fecha más en las efemérides de profecías sobre fines de tiempo, cataclismos o edades doradas fallidas. Por lo pronto, tras el ocaso de las grandes ideologías y la crisis religiosa en Occidente, valga la fecha para reflexionar sobre la fragilidad humana y sobre la necesidad de mirar el horizonte a través de nuevas utopías.

Notas

[1] Marco Curatola, "Mitos de origen", conferencia del Seminario de Estudios Narrativos, Pontificia Universidad Católica de Perú, conferencia subida a la página web de la institución universitaria (http://corinto.pucp.edu.pe/sen/node//39), 22 de mayo de 2007. Entrevista con Marco Curatola y Mariusz Ziólkowski, "La gran ruta de los oráculos", El Comercio de Perú, 20 de abril de 2008.

[2] Doris Heyden, "Las cuevas de Teotihuacán", Arqueología Mexicana, núm. 34, México, 1998.

[3] Charles Bertlitz, El misterio de la Atlántida, Pomaire, España, 1976, p. 37.

[4] El contexto y significado de "Apocalipsis" al que se hace referencia, se tomó de la serie de reflexiones de Jean Claude Carrière, Jean Delumeau, Umberto Eco y Stephan Jay Gould, entrevistados por Catherine David, Fréderic Lenoir y Jean-Phillipe de Tonnac para el libro El fin de los tiempos, Anagrama, Barcelona, 1999.

[5] Entrevista con Elizabeth Landa, 2 de febrero de 2011.

[6] Entrevista con Alberto Ruz Buenfil, hijo de Alberto Ruz Lhuillier, Huehuecóyotl, Morelos, octubre de 2009.

[7] Entrevista con María Esther Hernández, Ciudad de México, febrero de 2011.

[8] Fragmento de la entrevista realizada a José Argüelles, Los Ángeles, julio de 2009, que sirvió de base para el reportaje "Adiós al materialismo", *Gatopardo*, núm. 106, febrero de 2010.

[9] Entrevista con Maurice Cotterell vía internet desde Irlanda, febrero de 2011.

[10] Entrevista con Adrian G. Gilbert vía internet desde Inglaterra, marzo de 2011.

[11] Entrevista con Fernando Malkún, Ciudad de México, febrero de 2011.

[12] Entrevista realizada a Hubantz Men para el reportaje "Adiós al materialismo", *Gatopardo*, Mérida, Yucatán, octubre de 2009. La información de la entrevista no se publicó entonces por falta de espacio, y se difunde ahora con autorización de la revista.

[13] Entrevista con John Hogue, en el marco de la conferencia de prensa para anunciar la serie *El efecto Nostradamus* de History Channel, Ciudad de México, enero de 2010.

[14] Entrevista con Fernando Allier, Ciudad de México, marzo de 2011.

[15] Entrevista con Bruno Bellomo y Ellian Gabriel Rubina, vía internet desde Venezuela, abril de 2011.

[16] Entrevista con el gerente de Refugio 2012 Ecuador, vía internet desde Ecuador, abril de 2011.

[17] Charla con Tito Macia, Casa del Astrólogo, Ciudad de México, febrero de 2009.

[18] Tania Molina, "Tiempo de ciudadanos", suplemento *Masiosare*, *La Jornada*, 24 de abril de 2005.

[19] Entrevistas con Federico Samaniego, Ciudad de México, mayo y diciembre de 2010.

[20] Entrevista con Cecilia Ortiz (Ayla), Ciudad de México, junio de 2010.

[21] Charla de Steven Forrest, Casa del Astrólogo, Ciudad de México, febrero de 2008.

[22] Entrevista con Rafael Cobos realizada para el reportaje "Adiós al materialismo", *Gatopardo*, Chichén Itzá, Yucatán, octubre de 2009. La información de la entrevista no se publicó entonces por falta de espacio, y se difunde ahora con autorización de la revista.

[23] Entrevista con Alejandro Lara, Ciudad de México, marzo de 2011.

[24] Entrevista telefónica con Silvia Zuec, desde la Ciudad de México, marzo de 2011.

[25] Entrevista con Tomás Gallareta, realizada para el reportaje "Adiós al materialismo", *Gatopardo*, Mérida, Yucatán, octubre de 2009. La información de la entrevista no se publicó entonces por falta de espacio, y se difunde ahora con autorización de la revista.

[26] Mensaje por correo electrónico de Jonatan Bosque, marzo de 2011.

Bibliografía sugerida

Adams, Rachel, *Estos últimos tiempos, según notables profecías (II parte)*, Librería Espiritual, Quito, Perú, s. f.

Adivinaciones y profecías, Colección Misterios de lo Desconocido, Time Life Books y Ediciones del Prado/Editorial Folio, 1993.

Argüelles, José, *El factor maya*, Hoja Casa Editorial, México, 1993.

————, *Las dinámicas del tiempo. Los 260 postulados y la evolución como consecuencia*, mimeo de la Red de Arte Planetario, Movimiento Mundial de Paz Cambio al Calendario de 13 Lunas, Santiago de Chile, s. f.

Berlitz, Charles, *El misterio de la Atlántida*, Pomaire, España, 1976.

Bermúdez, Darío, *Profecías mayas, increíbles revelaciones para nuestra época*, Kier, Buenos Aires, 2007.

Carpi, Pier, *Las profecías del Papa Juan XXIII*, Ediciones Roca, México, 1982.

Carrière, Jean-Claude, Jean Delumeau, Humberto Eco y Stephen Jay Gould, entrevistados por Catherine David, Fréderic Lenoir y Jean-Phillipe de Tonnac para el libro *El fin de los tiempos*, Anagrama, Barcelona, 1999.

Castellanos, Laura, *Ovnis, historia y pasiones de los avistamientos en México*, Grijalbo, México, 2009.

Chávez Ferrusca, José Salvador, *Diluvios y Apocalipsis*, Selector, México, 2010.

Cotterell, Maurice, *Las profecías incas. La tumba perdida de Viracocha*, Grijalbo, 2010.

Cristoff, Boris, *La gran catástrofe de 1983*, Ediciones Roca, Barcelona, 1979.

El misterio de 2012, predicciones, profecías y posibilidades, antología de artículos de autores varios, Arkano Books, Madrid, 2008.

Eliade, Mircea, *El mito del eterno retorno*, Alianza/Emecé, Buenos Aires, 2008.

—————, *Tratado de las religiones*, Era, México, 1972.

Fortiz, Ursula, *Profetas y profecías. Historia y tradición*, Editorial de Vecchi, Barcelona, 2005.

Galloti, A., *Las profecías del fin del milenio 1991-2000*, Robin Book, México, 1992.

—————, *Nostradamus, las profecías del futuro*, Ediciones Roca, México, 1982.

Ganuza, Juan Miguel, *Los últimos tiempos, milenio y milenarismo*, San Pablo, Caracas, 1994.

Gilbert, Adrian G., y Maurice M. Cotterell, *Las profecías mayas*, Grijalbo, México, 1996.

Guzmán Rojas, Carlos A., *Testimonios ovni*, Plaza y Valdés, México, 1996.

Hand Clow, Bárbara, *El código maya, la aceleración del tiempo y el despertar de la conciencia mundial*, Grijalbo, México, 2010.

Hapgood, Charles H., *La corteza terrestre se desplaza*, Letras, España, 1958.

Hogue, John, *Las profecías del milenio, Las predicciones más relevantes de Nostradamus*, Plaza y Janés Editores, Barcelona, 1999.

Hundley, Raymond C., *¿Se acabará el mundo en el 2012?*, Grupo Nelson, Estados Unidos, 2010.

Isáis, Elisabeth F. de, *30 señales de los últimos tiempos según las enseñanzas bíblicas*, Grupo Milamex, México, 2010.

Krishna, *Las últimas profecías de Krishna*, Escorpio, México, 1982.

La Biblia, Ediciones Cristiandad, Madrid, 1975.

Lesur, Luis, *Vicios y prejuicios de la astrología*, Plaza y Janés Editores, México, 2003.

Macia, Tito, *Descifrando los códices mayas 2012, El secreto del Códice Dresde y el final de los tiempos*, Indigo, México, 2009.

Men, Hunbatz, *Secrets of Mayan Science/Religion*, Editorial Bear & Company, Rochester, Vermont, 1990.

Novel-Rénier, Juliette, *Cómo descubrió el hombre que el planeta se está calentando*, Océano, México, 2009.

Paulus, Stefan, *Nostradamus 1999*, Llewellyn Español, Minnesota, 1998.

Popol Vuh, antiguas historias de los indios quichés de Guatemala, Porrúa, México, 1969.

Profecías para el nuevo milenio, Cordillera, Buenos Aires, 1999.

Ruz Lhuillier, Alberto, *Los antiguos mayas*, Fondo de Cultura Económica, México, 2006.

Ruzo, Daniel, *Marcahuasi. La historia fantástica de un descubrimiento*, Diana, México, 1974.

Samaniego Lapuente, Federico, *La semilla del tiempo, una interpretación astrológica de México*, edición privada, México, 2005.

South, Stephanie, *2012: Biography of a Time Traveler, The Journey of José Argüelles*, New Page Books, 2009.

Toharia, Manuel, *El clima, el calentamiento global y el futuro del planeta*, Random House Mondadori, Barcelona, 2006.

Tuella, *Proyecto: Evacuación mundial por el Comando Ashtar*, México, s. f.

Valum Votan/José Argüelles y Red Queen/Stephanie South, *Cosmic History Chronicles, Book of the Mystery, Time and Art: Art as the Expression of the Absolute*, vol. III, Law of Time Press, 2007.

Velikovsky, Immanuel, *Mundos en colisión*, Diana, México, 1954.

Yeitecpatl, *Las trece profecías mayas*, Editores Mexicanos Unidos, 2004.

Zosi, Federica, *Profecías de aborígenes americanos, 2012 y más allá*, Kier, Buenos Aires, 2010.